공동체와 세계시민

권순철 · 김경수 저

강현출판사

머리말

'공동체와 세계시민' 교재를 내면서

먼저 이 책을 통해 학생들 스스로 많은 생각과 행동의 근원을 찾아보고 보다 나은 삶을 위해 새로운 자신의 변화와 혁신을 위한 생각의 힘을 키울 기회가 더 많이 만들어 지길 바란다. **"자신의 내면을 바르고 건전하게 가꾸며 타인, 공동체, 자연과 더불어 사는 데 필요한 인간다운 성품과 역량을 길러"**[1] 올바른 인성(personality, 人性)을 갖춘 건전한 시민(citizen)으로 거듭나길 기대한다.

공동체 환경

4차산업혁명시대, 기후변화 등 지구적 환경에 관심이 증대되는 시대, 사회적 불평등, 인간의 심리적 소외 등 다양한 환경의 변화와 혁신이 가속화 되는 시대, **협업능력이 인정받는 시대,** 우리는 어떻게 하면 이 변화의 속도에 주도적인 삶을 태워갈 수 있을 것인가? 다양성에 대한 이해와 모바일 검색에 고립된 소외에서 벗어나 동료들과 원활하게 소통하는 방법을 학생들 스스로 찾을 수 있도록 부단한 관심과 격려, 동참과 소통의 기회들을 가능한 많이 만들어 가야한다. **직장을 들어가면 처음 보는 문제를 해결해야 한다. 다양한**

---

1) 인성교육진흥법(법률제17472호,2020.08.11.),2015.7.21.시행. 인성교육을 의무로 규정한 세계최초의 법률인 인성교육진흥법에 반영된 '인성교육'의 정의.

이슈에 대한 문제해결 과정을 통하여 공동체 구성원으로서의 **협동(협업)적 공동체 체험활동에 참여**하면서 자신의 정체성을 새롭게 정립해 갈 수 있는 **창조적 계발의 기회**를 많이 만들어 가길 바란다.

소중한 개인

아톰(atom)적 인간인 개인은 그 존재 자체로서 인간으로서의 존엄성을 가지고 자유롭고 평등하게 살아갈 권리를 가지고 있다. 하지만 개인이 살아가는 곳은 또 다른 개인들과 함께 만들어지는 곳으로 자신만의 존엄성과 자신의 권리만을 위해 살아 갈 수가 없다. 거기에는 다른 생각과 감성, 다른 습관과 문화적 특성을 가진 수많은 다름과 함께 갈등과 애증에 둘러싸여 무수히 많은 이해관계를 만들어가기 때문이다. 개인은 그것을 거부하며 때로는 갈등을 키우기도 하지만 대부분은 긍정적으로 받아들이며 지혜롭게 적응해간다. 다양한 지식을 공유하면서 타인과의 의사소통 및 갈등을 해결해가는 과정을 체험적으로 습득할 수 있는 기회를 많이 가지는 것은 보다 지혜(prudence)로운 자신을 만들어 갈 것이다.

개인의 발전을 위해서는 자아 정체성의 형성, 확립이 중요한데 개인의 노력만으로는 어려움이 있으며 항상 타인과의 상관관계, 상호작용 과정에 부단히 참여함으로써 성취될 수 있을 것이다.

공동체적 삶

인간은 개인의 자유와 권리를 평등하게 누리며 살아갈 보편적 가치를 지니고 있다. 그것은 공동체 내에서 공유된다. 존엄한 개인들이 함께 만들어 가야하는 사회적으로 형성된 조직, 공동체 구성원으로서의 삶에 존재한다. 아리스토텔레스는 "행복의 근원은 공동체에 있다"라고 하였다. 개인은 숙명적으로 공동체 구성원으로서 살아간다. 거기서 개인은 행복을 추구하며 보다 나은 삶을 위한 **지혜를 축적**하고 발휘해 나가고자 노력한다.

더 나은 존재

행복한 삶을 성취하기 위한 지혜의 축적, 공동체 구성원으로서 어떻게 해야 하는가? 더 나은 존재가 되려면 내가 모르는 것이 무엇인지 알아야 한다. 곧 자아성찰의 문제다. **델포이의 격언** 'Know youself'**를 고민 해 봐야 한다. 나는** 무엇을 좋아하고, 무엇을 소중히 여기며, 미래에 무엇을 하려하는지 안다면 우리는 스스로를 변화시킬 수 있기 때문이다.

동료들과의 연결성 문제, 동료집단 내에서 나의 모습에 대한 문제의 해결도 자신을 올바르게 바라볼 수 있는 합리적이고 이성적인 관점을 통해 비로소 자기계발에 나설 수가 있다.

공동체와 세계시민 - 인성증진을 위한 공동체 체험학습의 장

자기 계발 - 나의 변화는 인성 증진을 위한 출발이다. 우리에게 주어진 환경은 엄청난 변화와 혁신을 거듭하고 있다. 아무리 뛰어난 **만능 AI가 있다고 하더라도 소통, 협력, 문제인식, 사유와 성찰의 과정에는 인간적 이성과 감성, 인성을 갖춘 융합형 인간의 리드가 필요하다.** 공동체와 세계시민으로서의 나는 무엇을 해야 하는가? 나의 생각을 가다듬고 나 자신을 내려놓을 수 있는가? 과연 나 자신을 새롭게 변화시킬 수 있는가? 우리 개개인은 함께 살아가는 공동체 구성원으로서 논쟁과 협업, 존중과 배려, 참여와 공감의 장으로 자기 자신을 이끌고 갈 수 있는 절제와 용기, 신념과 결단력이 있는가?. 변화와 자기계발을 위해서는 수많은 도전에 과감히 부딪쳐 봐야 한다. 부단히 자기 자신을 찾고자 노력해야 한다. 매 순간순간 용기와 결단력이 필요하다. '하면 된다', '할 수 있다'는 신념이 동반되어야 한다. 자신의 벽을 넘어 자신의 고정된 틀에서 깨어날 수 있어야 한다. 그것은 참여와 협력, 경청과 이해, 존중과 배려 등이 어우러진 공동체 체험활동을 통해 자연스레 한 사람의 건전한 인성으로 체화되어 갈 것이다. '인간 됨됨이'라고 할 수 있는 인성은 공동체 생활에 가장 필요한 기본적인 덕목이다. 난사람·든사람·된사람 지·덕·체 전인교육의 목표도 올바른 인성이다. 인성은 곧 실력이요 스펙위에 스펙이다. 인성증진을 위해 다양한 공동체 체험활동과정을 통해 학습자 스스로 개인의 삶을 보다 깊이 있게 고민할 수 있는 기회를 더 많이 만들어 갈 수 있도록 하는 것이 필요하다.

▽ 변화와 혁신을 위한 체크리스트 작성(구체적으로)

❶ 나는 AI, 인공지능, 메타버스 등 환경의 급격하고 다양한 변화를 분석하여 신속히 적응하고 상황을 주도할 수 있는가?
❷ 나에게 변화란, 나에게 혁신이란 무엇인가?
❸ 어떤 변화와 혁신을 생각하는가?
❹ 변화와 혁신을 위한 나의 선택은 무엇인가?
❺ 변화와 혁신을 위한 구체적인 나의 실천항목은 무엇인가?
❻ 변화와 혁신을 성취한 이후 나의 상태는 어떤 모습일까?(End State)

▽ 변화를 위한 참여, 소통과 협력

❶ 수업노트("예" 별첨 #1 수업노트 작성)를 작성한다.
- 나의 꿈(개강노트), 꿈의 구체화(종강노트)
  * 변화와 혁신 **체크리스트** 작성
- 매 수업노트에 나의 느낌과 나의 생각을 적어본다
  * 검색형 인간에서 사색형 인간으로의 변화된 나

❷ 팀 프로젝트 활동에 적극 참여한다.
- 팀 단위 개인임무분담표를 작성한다.("예" 별첨 #2 개인임무분담표)
- 팀 리더의 솔선수범과 팀 구성원의 적극적인 참여 유도
- 생각하고 시고(사색)할 수 있는 기회를 가능한 많이 만든다.

- 자신의 틀을 넘어설 수 있는 용기와 결단력을 가질 수 있도록 한다.
- 자신의 벽을 넘어 설 수 있도록 신념과 희망을 불어넣어 준다.
- 개인연구를 빈틈없이 하여 다양한 형태의 토의에 적극 동참 한다.("예" 별첨 #3 팀토의 결과지)

* 이 교재의 모든 과제들은 팀별 활동 시 의사소통, 협업활동 등 공동체 체험활동을 위한 하나의 수단이요 얘깃거리를 만들어 가기 위한 것이다. 다양한 글로벌 이슈들에 대한 연구와 발표 및 토의과정을 통해 얘깃거리를 많이 만들어보고 누구에게나 공정한 소통의 기회를 가능한 많이 가질 수 있도록 노력해보자.

공동체 구성원으로서의 나, 세계시민으로서의 나는

* 공동체내에서 동료, 친구들과 소통하며 공감영역을 키우기 위한 나의 노력이 곧 나의 인성과 성공적인 삶을 만들어 간다는 것을 인식한다.
* 팀 활동을 통해 치밀하게 연구하고 준비하며 다음 중 몇 가지를 꼭 성취한다.

- 과감히 나를 내려놓는다.
- 나는 무엇을 내려놓아야 하는가를 생각한다.
- 빈틈없이 준비하여 자신 있게 부딪쳐 본다.
- 동료들의 의견을 경청한다.
- 상대방의 의견을 존중하고 이해와 배려심을 체득한다.
- 성공도 실패도 감사하고 기쁜 마음으로 받아들인다.
- 문제해결과정에서 어떠한 논쟁도 두려워하지 않는다.
- 작은 소통의 성공에도 모든 것을 담는다. - 소통 성취감의 축적
- 팀 리더로서의 역할을 사전 철저히 준비하고 수행한다.
- 팀 리더로서 솔선수범하여 팀원들에게 참여의지를 일깨워 준다.(참여동기 부여)
- 매 순간순간 생각하고 고민하면서 문제점을 해결해 나간다.
- 나의 존재, 나의 역할, 나의 모습과 팀원들의 반응 상관관계에서 보다 합리적이고 보다 건전한 나의 역할과 모습을 찾아간다.
- 닫혀진 공간을 넘어 소통의 기쁨과 즐거움을 끊임없이 만들어 간다.
- 자신감과 성취감을 통해 자신의 위치와 존재감을 구축해 나간다.

- 혹시 자격지심, 소외의식, 피해의식, 대인공포심은 과감히 벗어 던져라
  - 내가 꿈꾸는 나의 현재와 미래에 투영된 나의 모습을 찾는다.
- 합리적인 이성과 감성의 힘으로 나만의 존엄성을 찾는다.
  - atom적 인간으로서 우뚝 설 수 있는 나의 모습, 꿈을 가진 나는?
  - 함께 만들어가야 할 공감영역 - 공동체 정신, 공동체 참여 정신
  - 금지옥엽-나르시스적인 자신의 틀을 과감히 깨트릴 수 있는 나를 만들어야 한다.

* 모든 것이 자율적이며, 자발적 의지에 의해 이루어져 나가야 한다.
* 습관을 바꿔볼 수 있는 자기혁신의 기회를 찾아야 한다.
* '틀에서 깨어날 수 있다'는 변화는 오직 자신에게서만 시작될 수 있다.
* 변화와 혁신을 위한 노력에서 변화해가는 자신을 발견하게 된다.

목 차

제 3 장 "멀리가려면 함께가야한다" - 나눔과 공존의 세계에서

보충과제

나의 '꿈'
(개강 수업노트에)

나는 누구인가, 나는 무엇을 하려고 하느냐, 나의 인생목표는,
내 삶의 목적은, 목적 있는 삶을 가고 있는가, 등등
수업노트에 구체화 해 봅니다.

제 1 장
공동체와 세계시민으로서의 '나'
- 나의 경계는?

"실패란 넘어진 것이 아니라
넘어진 자리에 그대로 머무는 것이다."

-프린세스 라브라바-

01 공동체와 세계시민의 개념

『‘공동체와 세계시민의 개념’을 통하여 정립하고 지속가능한 지구공동체의 세계시민(글로벌 리더)으로서 공동체와 세계시민의 자질과 역할, 가치와 책무를 인식하고 ‘공동체란 무엇인가?’에 대해 논리적으로 설명 할 수 있어야 한다.』

1. 개요

인간은 수많은 관계성 속에서 살아간다. 서로의 감정, 감각, 정서의 차이를 이해와 존중, 소통을 통해 공감대를 넓혀가며 공동체의 일원으로서 자신만의 당당한 권리와 자유를 향유하고자 한다. 여기서 우리는 공동체와 세계시민의 개념에 대한 이해를 통해 아톰(atom)적 존재인 개인들이 어떻게 자신의 자유와 권리를 합리적으로 보장받으면서 건전하게 상호작용하며 원활한 연결성을 가진 지속가능한 공동체로 유지 발전시켜 나갈 수 있을 것인지 생각해 봐야한다. 나를 중심으로 한 공동체란 무엇인가를 이해하고 함께 살아가는 동료, 이웃들에 대한 존중과 배려, 나눔과 희생 등이 어떤 의미가 있는지 개인의 자유와 권리, 개개인의 행복에 대한 소중함을 공유하면서 지구적 문제에도 적극적, 능동적으로 대응할 수 있는 세계시민으로서 사유와 자기성찰의 기회를 가지는데 길이 있을 것이다.

- 공동체의 개념을 이해하고 공동체와 세계시민의 자질과 역할, 가치와 책무에 대해 생각을 정리한다.
- 지구공동체의 세계시민으로서 지속가능한 지구적 문제에 대한 공감대 형성을 위해 노력한다.

"그 누구도 도태되지 않도록 한다(Leaving no one behind)"

2. 공동체 개념의 이해

인적 결합체(사회적 결합체) - 공간성, 상호작용, 연대성

인간은 어떤 관계를 갖는 인적 결합체(사회적 결합체) 내에서 살아간다. 공동체(共同體, Community)는 구성원들이 생존을 유지하기 위해 함께 노력해야 했던 가족이나 촌락에서부터 시작되었다. **Maxweber는 공동체를 "가족에서 국가에 이르기까지의 제 단체"라고 했다.** 인적·사회적 결합체인 **공동체는 공간성, 상호작용, 연대성을 그 핵심요소로 한다. 따라서 공동체란 특정한 사회적 공간을 공유하고 공통된 가치와 유사한 정체성을 가진 사람들의 집단으로 볼 수 있다.**

공간성

공동체의 핵심요소 가운데 가장 쟁점이 되는 것은 역시 공간 개념이다. 사이버공동체 혹은 온라인 공동체는 과거의 공간 개념을 완전히 무력화시켰다. **공간적으로는 사이버 on-line공동체가 등장하**

며 지리적 요소를 넘어 기존의 공간개념이 무력화 되고 새로운 공동체의 유형들이 등장하고 있다. 거리개념을 소멸시키고 지리적 요소를 넘어 새로운 공동체를 수시로 만들어내는 것이다. 사물인터넷(IoT)과 만물인터넷(IoE), 인공지능(AI)의 공진화(coevolution)가 발생하고 초연결성, 초지능성 현상이 트렌드가 된 4차 산업혁명시대를 리드하는 현대사회에서는 on-off-line을 넘나드는 공간개념의 확장은 오히려 공동체에 대한 정체성 확립의 중요성을 더욱 증폭시키고 있다.

상호작용

수많은 사이버공동체들이 블로그, 카페, 메일링 리스트 등의 상호작용을 통해 친밀성과 공감영역을 공유하고, 공동체적 유대감을 형성하며, 공동체적 참여를 촉진한다. 한편 지리적 공간을 넘어서는 사이버공동체와 달리 오히려 지역 중심으로 일어나는 공동체운동의 재발견도 주목할 만하다. 우리나라나 글로벌 세계에서에서 지방자치단체나 민간단체, 동네 지역주민 등의 협동과 협치를 통해 변화된 지역 공동체를 만들어가기도 한다. 중세의 길드나, 촌락공동체, 이스라엘의 집단 농경 공동체인 키브츠(Kibbutz), 우리나라의 전통 두레, 상부상조의 규범인 계(契) 등과 같이 혈연·지연이나 다양한 이해관계에 의해 유대관계가 맺어지면서 공동체가 형성되어 왔다. 공동체의 유형과 범위는 매우 넓다. 가족공동체, 학교공동체, 사회적공동체, 국가공동체, 글로벌 지구적 공동체까지 다양한 형태로 존재한다. 수많은 지역공동체들과 전 지구적 수준의 문제들 사이의 글로벌 격차는 사라지고 상호연결성은 더욱 심화되고 있다. 그 연결성은 전 지구적 공동체의 상호신뢰와 우호적 관계성 등이 지속가능한 공동체적 가치를 공유해 나갈 수 있는 토대가 되고 있다. 오늘날 수많은 공동체들은 on-off-line을 넘어 구성원들 간의 상호작용과 연대성, 유대감을 중심으로 보다 다양한 형태의 공동체적 조직으로 변화 발전하고 있다.

공동체적 가치 실현 - 유대감, 연대성

변화하는 새로운 사회 환경 속에서 개인은 **공동체적 가치**를 실현하고자하는 혁신적이면서 유연한 공동체 구성원으로서의 자질과 역할, 의무와 책임에 대한 인식을 견지하며 살아가야 한다. 어떤 형태에서도 공동체 구성원들은 상호작용을 통해 서로간의 친밀감을 나누고 공동체적 유대감을 형성하면서 **공동체적 가치** 구현을 위한 활동에 참여하고자 노력한다. 생활권, 사회권에 더해 공통성과 연대성을 달성하는 새로운 커뮤니티 구성도 꾸준히 이뤄지고 있다. 여기서 필요한 것이 **유연한 적응력과 감성을 장착한 융합능력**이라고 할 수 있다.

바야흐로 우리는 4차, 5차 산업혁명시대의 화두가 던져진 급변하는 글로벌 시대적 변화상황 속에 살아가고 있다. 빅데이터, AI, 메타버스, ICT 초연결성, 초지능성 사물인터넷(IoT)과 만물인터넷(IoE), 인공지능(AI) 등의 공진화(coevolution)가 이뤄지고 세상을 보는 인공지능처럼 감성을 장착한 기계와 인간이 공존하는 시대가 전개되고 있다. 급변하는 환경, 노동의 성격과 가치체계의 변화 속에 인간의 정체성과 공동체의 성격도 재정립해야 할 상황이다.

「*Jobnormad* 사회」로 일컬어지는 4차 산업혁명시대에 부합하는 공동체 의식과 규범의식의 회복과 정립이 긴요한 시점이다.

이러한 시대적 급변상황 속에 우리는 특정한 공간영역 내에서 구성원들 간의 상호작용과 연결성을 이해하며 효과적으로 잘 적응해 나갈 수 있어야 한다. 공동체(共同體, Community)는 원만하고 합리적인 인성을 가진 자유롭고 당당한 개인(시민)들이 만들어가는 성숙한 시민의식으로 연결된 사회적 공동체로 거듭날 수 있어야 한다. 급변하는 시대적 환경은 평등하고 자유로운 개인들이 만들어 가는 건전한 공동체의 발전이 그 어느 때보다 유연하고 융통성 있는 연결성을 필요로 하고 있다. 내가 살아가는 삶, 내가 함께해야하는 삶의 영역 모두가 변화하는 환경적 영향을 벗어날 수는 없다. 나와 우리가 만들어가는 공동체는 어떤 모습으로 그러한 변화에 효과적으로 적응하며 개인의 자유와 행복을 극대화 하면서 살아갈 수 있을까? 우리가 구현하고 실천하고자 하는 공동체적 가치는 무엇인가를 정립하고 공감할 수 있어야 한다.

아리스토텔레스가 "행복의 근원은 공동체에 있다"라고 한 것처럼 일반적으로 공동체는 사회적 존재로서의 인간에게 꼭 필요한 관계성 집단임에는 틀림없다. 혈연 및 지연 중심의 전통사회의 폐쇄적이고 경직되었던 공동체의 형태도 산업화와 근대화의 흐름 속에 많은 변화와 혁신의 과정을 거치면서 바뀌어 왔다. 상호신뢰와 호혜적 가치의 공유, 친밀성 등 변화된 공동체적 가치를 추구하는 새로운 형태의 공동체들이 생겨나고 있다. 그것은 단순한 상생을 넘어 공존하며 상생할 수 있는 공동체로 발전해 가는 것이다. 사회(공동체)를 공동사회와 이익사회로 구분한 독일 사회학자 퇴니스(Ferdinand Töennis,1855-1936)는 게마인샤프트(Gemeinschaft, 공동사회)

와 게젤샤프트(Gesellschft,이익사회)에서 공동사회는 본질의지에 의해 형성되고 이익사회는 선택의지에 의해 형성한다고 보았다. 공동사회는 개인의 '원초적이고 자연적인 상태'에 그 근원을 두고 있다. 공동사회는 감성적이고 자연적인 상태에서 집단화될 개연성이 큰 특성을 가지고 있으며, 이익사회는 본질적으로 이성적 관계에서 형성된 사회적 공동체로 생각해볼 수 있다.

지구적 공동체

전 지구적 세계화 추세와 더불어 공동체 개념이 더 확대되면서 공동체의 모습은 보다 유연해지고 다양해지고 있다. 공동체 구성원들은 지리적 한계를 넘어 상호작용을 하며, 공통의 유대감을 공유하고자 다양한 수단을 통해 연대감을 모색한다. 현실적 공동체의 개념과 유형 역시 더욱 다양하게 분화될 것이다. 따라서 학술적인 영역에서도 감성적 공동체(공동사회)와 이성적 공동체(이익사회)의 이분법을 넘어서는 유연하고 혁신적인 변화가 필요하다. 공동체 개념의 변화와 발전은 세계화 시대에 일부 지역적인 영향이 전 지구적으로 순식간에 확산되는 특성과 그 연결성에서 지구적 공동체의 새로운 개념변화를 요구하고 있다..

세계시민

이제 지역수준과 전 지구적 수준의 문제들 사이의 격차는 없어지고 상호관련성만 더욱 심화되고 있다. 그 연결성은 전 지구적 공동체의 신뢰와 호혜성, 친밀성 등 공동체적 가치를 창조해 나갈 수 있는 토대가 되고 있다. 세계는 상호 밀접한 관계를 맺고 있는데 이러한 상호의존성이 점점 높아지고 있다. 즉, 영향력과 의존성, 전파력이 동시병행적인 시대가 되었다. 세계시민은 이 지구의 상호 연결성을 이해하는 사람이다. 상호 연결되고 의존적인 세계에서는 그 역할이 사고의 범위를 확장시키고 세계시민 의식을 발전시키는 것으로 변화되어야 한다.

지구적 공동체의 **세계시민은 지구의 상호 연결된 상태를 이해하는 사람이다. 세계시민은 한국인, 베트남인, 중국인, 태국인, 필리핀인, 미국인, 일본인… 등 각자 나라의 시민으로서의 자긍심을 가지면서도 동시에 우리는 모두 지구공동체의 하나된 세계시민이라는 사실을 인지하는 것이다. 그리하여 세계시민은 세계 어디에서든 인류의 이익을 위한 일에 전념할 수 있어야 한다.**[2)]

원래 세계시민(Global Citizenship)이라는 개념은 고대 그리스 사회에서 출발했다. 이성과 합리를 추구하던 계몽주의 시대에 세계시민이란 '세계'와 '시민'이라는 두 개념으로 통합된다. 당시 계몽주의 시대 이것은 자연의 이치와 맥락을 같이 한다. '시민'이란 '이성'을 가진, 합리적으로 사유(思惟)하는 개인으로서 '각성된 개인' 즉 자기 스스로 결정할 수 있는 인간, 자유로운 존재이면서 주권적 존재로서의 '의식이 있는 개인'이라고 보는 것이다. 개인의 자유와 권리가 평등하게 보장된 '국민주권'적 질서 속의 개인을 말한다. 세계인권선언문의 천부적 인권 이념도 여기서 출발한 것이고, 프랑스 시민혁명이나 영국의 명예혁명 등 근대 시민혁명도 여기에 뿌리를 두고 시작된 것이다. 글로벌 시민의식은 지역적 제한된 공간 개념을

2) 마이클 아담스(J. Michael Adams), "국제 공동체 안에서의 대학의 역할", 『시민과 세계』(참여사회연구소, 2014 하반기), p. 12.

극복할 수 있어야 한다. 한계의 공간을 넘어 지구를 하나의 공간으로 보고 지구상 모든 사람들이 편견과 차별없이 평등하게 함께 어울려 살아 갈 수 있는 것. 각기 자기나라에 자긍심을 가지면서 우리는 세계시민의 한사람으로서 상호존중과 배려의 흐름을 일깨워 유연하게 적응하는 글로벌 시민의식을 선도해 갈 수 있어야 한다.

세계화

'세계'란 '보편성'을 의미한다. 우리는 좋든 싫든 세계화라는 변화되고 확장된 영역 안에서 지구적 공동체라는 현실적인 틀을 만들어 가면서 살아가야 한다. 다른 선택의 여지가 없다. 우리는 세계화의 흐름에 유연하게 올라타 지혜롭게 적응해가야 한다. 국제사회의 연결성, 연대성을 고려하지 않으면 고립되어 이에 따르는 수많은 위험을 감수해야만 한다. 세계는 변화했고 그러한 변화가 무엇을 의미하는지 이해해야 하고 우리들은 그 변화에 효과적으로 적응해야 한다. 우리는 글로벌 세계시민으로서 부단히 그 변화에 적응하면서 변화를 선도해 나갈 수 있어야 한다.

"궂은비가 온다고 불평하지 말자,
먹구름 위 하늘은 여전히 푸르고 태양이 빛나니까"
– 독일민요에서 –

02 공동체 정신과 글로벌 세계관

『공동체 개념의 이해를 통해 우리가 함께 만들어가는 공동체는 어떤 생각을 가지고 어떤 모습으로 살아가는 것이 바람직하고 건강한 공동체 일까?

자유롭고 존엄한 개인들이 함께 만들어 공유하고 싶은 공동체의 정신은 무엇인가?』

행복의 근원

아리스토텔레스는 "행복의 근원이 공동체에 있다"고 했다. 이 말을 새겨보면 건강한 공동체란 개인 행복의 근원이면서 공감영역의 뿌리라고 할 수 있다. 곧 인간의 행복은 개별적인 것이 아니라 공동체적인 것에서 비롯되는 것이라 하겠다. "이 세상에 태어나 우리가 경험하는 가장 멋진 일은 가족의 사랑을 배우는 것이다"라고 한 어느 시인[3] 의 말에서 사람이 태어나 처음 가족 사랑을 느끼며 행복을 경험하게 되는 것도 가족공동체를 통해서 이뤄지기 때문이라는 것을 공감할 수 있다.

3) 조지 맥도날드. 영국 시인, 동화작가. 1824.12.

공동체에 대한 의무와 책임

공동체는 소중한 개인들의 다양한 욕구와 의견이 공존하는 곳이다. 공존의 철학에는 중용과 절제뿐만이 아니라 공동체 구성원으로서 지켜야 할 의무와 책임이 있다. 독일 철학자 프리드리히 니체는 "의무란 곧 우리에 대한 타인의 권리다"라고 하였다. 의무 앞에서는 만인이 평등하고 개인의 자유보다 공동체가 앞설 수 있다. 개인의 자유와 자기 결정권은 어떤 가치보다 중요하지만 공동체가 개인에게 부여한 다양한 의무와 책임, 봉사와 희생 등의 사회적 책임과 역할, 의무 또한 중요하게 생각해야 한다. 공정과 정의, 절제된 자유민주주의 공동체가 지속가능하려면 공동체 의식(정신)이라는 공익적 미덕(virtue)이 필요하다. 국가는 시민(개인)이 국민의 한 일원으로서 자발적으로 자신의 의무를 원활하게 수행할 때 그 지속가능성은 더 커지는 것이다. 의무감은 전근대적 잔재가 아닌 공동체에 대한 봉사를 전제로 하는 소중한 사회적 자산이며 공동의 선을 위한 시민들의 일체감과 연대감을 강화해 주는 미덕(virtue)인 것이다.

건강한 공동체란 공동체 구성원으로서의 역할, 의무, 책임을 다하고 존엄한 인간으로서 개인의 자유와 권리, 행복을 최대로 보장받을 수 있는 집합체라고 할 수 있다. 이기적, 배타적, 방임적 자유를 넘어 이웃과 약자에 대한 배려와 공동체에 대한 의무와 책임을 다하는 개인, 개인의 자유와 권리, 존엄성을 인정하면서 공동체에 대한 배려(희생)와 책임, 연대를 중요시 하는 자유주의적 공동체 의식은 자유로운 우리들이 함께 만들어 가야할 공동체 정신이 될 수 있다.

인간이 자유로운 삶을 통하여 자아발견과 자아를 실현하고 그 결과로 공동체 발전에 기여하는 자아완성과 공동체 완성을 지향하는 것은 인간적 삶의 가치이며 공동체적 가치 목표라고 할 수 있을 것이다. 건강한 공동체 발전의 기반은 참여정신과 봉사정신이 깃든 시민사회(civil society)의 발전과 성숙이다. 건강한 시민사회(civil society)의 형성은 공동체의 지속가능성과 발전에 소금의 역할을 한다. 보다 나은 공동체 이익을 위해 노력할 수 있는 시민의식, 공동체 정신은 무엇이라고 생각하는가? 그것을 일깨우고 지켜 발전시켜 나가기 위한 노력은? 과거 기억되는 유형들로 홍익인간, 신라의 화랑도 정신과 조선시대의 선비정신, 유럽의 기사도 정신, 일본의 사무라이 정신, 미국인들의 청교도 정신과 개척정신, 영국의 가장 위대한 순간(finest hour)이라 일컫는 독일 공습의 공포를 극복했던 역사로 영국인들이 공동체 정신이라고 얘기하는 '블리츠 정신(Blitz Spirit)', 프랑스 칼레(Calais) 시민의 노블레스 오블리주(nobless oblige), 아프리카의 우분투(UBUNTU), IMF '금모으기 운동'을 했던 한국 등, 우리 주변, 그리고 지구적 글로벌 세계에서 다양한 공동체 정신을 찾아볼 수 있다. 가족공동체, 학교공동체, 사회공동체, 국가공동체, 다양한 형태의 나눔 공동체 등에 깃든 공통된 의식, 공동체 정신을 통해 우리가 만들어 가야할, 혹은 지속가능한 발전을 추구할 공동체 정신은 무엇인가? 에 대한 논의를 해야 한다. 자유스러운 공동체 구성원 상호간 이타적인 감정을 토대로 건강한 공동체 구현이라는 목표를 향해 가기위해 "공동체란 무엇인가?"라는 물음에 스스로 답을 찾아보자. 그리고 그 공동체가 지향해야 할 '공동체 정신'은 무엇이어야 하는지 의견들을 모아 결론을 도출해보자.

공동체 정신

공동체 정신은 공동체의 이익과 발전을 위해 함께 노력하는 정신이라고 하겠다. 공동체는 사회적 존재로서의 인간에게 꼭 필요한 관계성 집단으로 사람들이 모여 하나의 유기체적 조직을 이루고 목표나 삶을 공유하면서 공존하는 조직이다. 단순한 결속을 넘어 정신적으로 더 친밀도가 높은 강한 관계를 형성한다. 공동체는 상호의무감, 정서적 유대감, 공통의 이해관계와 공유된 이해관계 네트워크를 통해 개인과 공동체 사이의 갈등을 조정해가며 발전해가야 한다. 어떠한 경우에도 하나의 인간은 그 자체로서 가장 소중한 존재다. 공동체란 그 소중한 인간 개체들이 단순히 모여 있는 집단을 얘기하는 것은 아니다. 집단의 일부분을 차지하고 있는 개인으로서 집단 내에서의 개체적 존재임을 생각하며 또 다른 존재와의 관계성에 대하여 적극 고민해봐야 한다. 개인의 자유와 권리가 최우선적으로 보장 되어야 하지만 공동체 질서 내에서 개인을 어떻게 자리매김해야 할 것인가는 논의하면서 그 공감대를 형성할 수 있어야 한다. AI·뉴노멀 시대에 '디스토피아'로 전락하지 않기 위해서는 집단의 한 일원으로서 공존과 상생을 위한 공동체적 가치를 인식해 봄이 필요하지 않을까? "자유에 따르는 가장 큰 위험은 도덕적 의미를 망각하는 것"이라고 한 애덤스미스의 말처럼 경쟁적 관계 속에 협력적 교우관계가 더 중요함을 깨달을 수 있는 '공존과 공감'에 대한 생각을 정리해 보자. 경청하면서 자기 생각을 표현하고 타인의 생각을 이해할 수 있는 문해력(literacy)과 AI, 로봇 등과 같은 기계가 대신할 수 없는 존중과 배려심, 협동심, 공감능력 등의 인성과 감성역량을 키우는 노력은 시대의 트렌드를 지배하는 매우 중요한 키워드가 될 것이다.

공동체 정신과 글로벌 시민의식

공동체(community) 개념과 공동체정신, 글로벌 시민의식에 대한 개념을 정립하고 공동체 구성원으로서 공동체와 공동체 정신에 대한 공감대를 형성할 수 있어야 한다. 시민의식에 대한 이해를 통해 세계시민으로서 글로벌 이슈에 대한 적극적이고 능동적인 대응 방안을 연구하고 다양한 토의활동을 통해 글로벌 리더로서의 인성과 품성을 구비해갈 수 있어야 한다. 지구적 세계시민으로서 공동체 정신이 곧 세계시민의식의 출발점임을 인식할 수 있다. 건전한 공동체 구성원으로서 역할과 책임의식을 실천하는 것이 곧 글로벌 세계시민으로서 올바른 상을 정립하는 일이다.

연구 및 토의 방향

❑ 공동체 정신

- 우리가 생각하는 공동체의 개념과 의미는
  - 나와 공동체의 관계는, 나의 역할과 책임, 의무
  - 공동체의 중요성과 가치
  - 공동체 정신에 대한 생각과 개념의 공유

* 팀내 다양한 의견에 대한 경청과 자신의 견해 피력 및 상호존중과 나눔, 소통, 협력의 장이 되어야 한다.

* 토론이후 팀 토의 결과 정리 및 결론 도출, 시사점 및 제언들을 효율적으로 종합할 수 있어야 한다.

03 세계와 소통하는 시민
-배려와 나눔의 정신-

『배려와 나눔의 정신에 대한 이해와 체화(體化)를 통해 글로벌 세계시민으로서의 자세와 태도를 갖추기 위한 인성과 품성을 구비토록 하는데 있음.

빈곤과 어려운 현실에 처한 이웃과 세계인들에 대한 봉사활동과 재능기부에 대한 공감과 공동체 구성원으로서 다양한 배려와 나눔 사례들을 통하여 배려와 나눔의 정신에 대한 공감영역의 확산을 생각한다.』

배려와 나눔의 정신

"내가 원하지 않는 바를 남에게 행하지 말라"

- 공자 -

역지사지(易地思之), 다름을 인정

"내가 원하지 않는 바를 남에게 행하지 말라"는 말처럼 '남이 원하는 바'를 헤아려 주는 배려란 나보다 남을 먼저 생각하는 역지사지(易地思之)의 마음 즉 타인을 향한 마음으로 상대방을 보살펴 주거나 도와주려고 마음을 쓰는 것이고 나눔이란 자신이 가지고 있는 것을 그것이 필요한 사람에게 기꺼이 베푸는 것이다. 우리는 공동체 구성원으로서 소중한 나 못지않게 소중한 상대방이라는 존재에 대한 인정을 통해 서로 상호작용 과정을 거치며 유대감을 공유하게 된다. 이 과정에서 서로가 상대방을 존중해주고 배려하면서 먼저 나눔을 실천한다면 보다 더 강한 유대감을 공유하고 그 연결성은 깊어질 것이다. 배려는 마음을 움직이는 힘이다. 자아 중심으로 생각하고 행동해왔던 틀에서 벗어나 상대방의 존재를 인정하고 상대방의 마음을 위해 나를 잠시 내려놓을 수 있는 여유를 가진다면 자연스럽게 배려심은 시작될 것이다. 배려받고 싶으면 먼저 배려하고, 존중받고 싶으면 먼저 존중하고, 이해받고 싶으면 먼저 이해할 수 있어야 한다. 내면속의 나 자신을 들여다보고 상대방 입장에 선 자신을 먼저 만들어 갈 수 있을 때 보다 깊은 배려의 마음이 전해질 것이다. 상대방을 먼저 이해하라는 것이 무조건 상대방 의견에 동의하거나, 당신이 틀리고 그 사람이 옳다고 생각하라는 건 아니다. 그 사람의 말과 행동을 인격적으로 존중해 주라는 뜻이다. 상대방의 입장, 그 사람이 옳다고 믿고 있는 사실에 대해 충분히 그럴 수 있다고 귀 기울이며 받아들여 보라는 것이다. 대부분의 사람은 나 자신과는 다른 사고영역을 가지고 있다. 따라서 서로의 이해가 조금씩 다르다는 것을 인정하기 시작할 때 그때부터 진정으로 서로 이해할 수 있는 길이 열리기 시작 할 것이다.

“나눔은 우리를 ‘진정한 부자’로 만들며, 나누는 행위를 통해 자신이 누구이며 또 무엇인지를 발견하게 된다.”

-Mother Teresa-

“한 손은 나 자신을 돕는 손이고 다른 한 손은 다른 사람을 돕는 손이다.”

-오드리 햅번-

하나를 둘 이상으로 나눠 필요한 사람에게 주는 '**나눔**'이란 마음이 따뜻해지는 일이다. 가지고 있는 재능을 기부하는 것이나, 가지고 있는 물질이나 봉사시간을 기부하는 것 등 다양한 방법의 나눔 형태가 공동체내에서 만들어 지고 있다. 가깝게 혹은 지구적공동체에도 공동체의 어려운 곳이나 세계시민으로서 전 지구적 빈곤을 종식시키기 위한 나눔 활동이 활발히 진행되고 있다. 가장 자연스럽게 공감할 수 있는 국제개발협력의 목표이기도 하다. 빈곤이야 말로 복잡다단한 질병이나 재해, 환경파괴 등 문제들을 심화시키는 주요 원인이자 결과로서 인류가 가장 시급하게 해결해야 할 과제이다. 배려와 나눔의 가치는 우리가 살아가는 공동체의 크기와 관계없이 다양한 모습으로 공존하고 있음을 인식하고 실천하는 길을 적극 찾아가는 세계시민이 되어야 한다. 그것은 건강하고 바람직한 공동체 정신이며 세계시민 의식이다.

연구 및 토의 방향

❑ 배려와 나눔의 정신

* 문제의 도출

- '나눔과 배려'에 대한 사례연구를 통한 연구 및 토의
- 층간소음 갈등 등 각종 사회적으로 야기된 소통의 문제 들
- 국경없는 의사회, 청소년 적십자, Save the Children, World Vision, Unicef, 사랑의 열매, 헌혈 등 나눔과 배려를 실천하는 사회적 단체 탐색
- 세계시민으로서의 덕목을 배울 수 있는 다양한 창의적 체험활동, 인성함양

'소통'은 모바일 시대를 사는 우리에게 중요한 시대적 키워드가 되었다. 소통은 나눔과 배려심의 시작이며 끝이다. 따라서 소통은 사람 중심 대면에서 실질적으로 시작되고 타인과의 인격적 공감을 통해 비로소 완성된다.' 폐쇄된 공간이 아닌 개방된 공간에서의 대면 소통은 타인의 감정을 이해할 수 있는 공감능력 증대에 더욱 중요하게 되었다.

"늘 갈망하고, 늘 어리석다고 생각하라"

Stay hungry, Stay foolish

스티브 잡스

-끝임없는 도전정신이 오늘날 미국을 만들었다-

04 인류 보편적 가치 : '인권'
-세계인권선언문-

『'인권', 누구나 자유롭고 평등한 인간으로서의 권리를 가지고 인간답게 살아갈 권리이다. 그런데 지구상에는 자유가 침해되고 평등권이 보장되지 못하고 비인도적, 비인간적 '인권' 침해 행위가 끊이지 않고 행해지고 있음은 인류보편적 가치에 대한 도전이며 지속가능한 지구공동체의 큰 위협이라고 할 수 있다. '인권'에 대한 보편적 가치를 인식하고 공동체적 '인권' 문제들을 연구 및 토의를 통해 바람직한 '인권' 증진을 위한 방안을 모색해 보자.』

1. 인권

인권이란

인권(Human rights)은 인간으로서 가지는 가장 기본적인 권리로서 모든 사람이 각자 본래부터 가지고 있는 것이다. 즉 인권이란 인간이 천부적으로 타고난 권리(천부인권, 天賦人權)이다. 종족, 국가, 인종 등에 상관없이 인간이라면 누구에게나 인정되는 보편적인 권리 또는 지위로서 모든 개인에게 자연법에 주어진 인간 존재의 보편적 가치임과 동시에 누구에게나 동등하게 주어지는 불가양(不

可讓)의 권리로서 인권이라는 개념 자체가 자연법에 의거한 자연권이라는 관념에서 출발한 것이다. 인권은 인간이 인간답게 존재하기 위한 보편적이고 절대적인 권리이며 인간으로서의 지위와 자격을 의미한다.

인권은 인간이라면 누구에게나 똑 같이 적용되는 보편성을 가지고 있고, 한 개인이 태어나면서부터 그만의 이름과 특성을 간직한 고유성을 가지며 그 고유성은 언제까지나 항구적이다. 또한 그 누구로부터도 권리를 침해 받을 수 없는 불가침성을 가지고 있으며, 그 권리 또한 누구에게도 양도할 수 없는 불가양(不可讓)의 권리이다. 인권이란 주권국가에서 정부의 일방적인 권력남용과 억압에 대항하여 개별 인간이 요구할 수 있고, 보호, 보장받을 수 있는 보편적 권리인 것이다.

- 인권은 인간답게 살기위해 주장하는 권리이다.
- 인권은 약자의 경제, 사회적 권리일 뿐만 아니라 모든 인간의 정치적 권리이다.
- 인권은 인간답게 살 모든 권리로서 법적 권리뿐만 아니라 법 이전의 자연권과 도덕적 권리를 포괄한다.

2. 세계인권선언문(Universal Declaration of Human Rights)

'세계인권선언(UDHR, Universal Declaration of Human Rights)'은 모든 인간과 국가가 달성해야 할 인권 존중의 기준을 보인 선언이며 세계적으로 약 250여 개의 언어로 번역되어 가장 많이 인용되는 인권 문서이다. 개인의 자유와 권리를 상세히 명시하면서 인권과 기본적 자유가 모든 사람과 모든 장소에서 똑같이 적용된다는 선언이다. 두 번의 제1,2차 세계대전으로 너무나 많은 사람들이 희생되자 인권을 보호해야 한다는 생각이 확산(1차대전시 2천만 명, 2차대전시 6천만 명 이상 희생)되면서 전체주의 국가에 의한 인권 무시 행위가 평화 파괴와 침략 정책에 깊은 관계가 있다고 하는 반성에서 출발하였다. 종족과 각 국가 간의 종교와 사상 및 정치·경제체제에 따른 차이와 대립을 조정하고 온 세계 인류가 달성해야 할 기본적 인권 확립의 공동목표를 성문화하게 된 것이다.

제2차 세계대전의 잔혹성은 모든 인류에게 큰 충격을 주었고 같은 사건이 되풀이 되어서는 안 된다는 생각에 'UN인권위원회'가 설립되었다. 세계인권선언문은 F.루스벨트 대통령의 부인 일리노어 루스벨트(1884-1962)가 위원장인 UN인권위원회의 첫 사업으로 1946년부터 기초되고 심의된 것이다. 총 8개국으로 구성된 준비위원회가 '국제인권장전'을 마련하여 1948년 12월 10일 제3차 유엔총회에서 '세계인권선언문'을 선포하였고 1950년 12월 10일 제5차 국제연합총회에서 세계인권선언기념일로 선포하게 되었다.

특히 〈프랑스 인권 선언〉은 프랑스 시민혁명(1789년 8월 26일) 당시 프랑스 국민의 권리장전인 「인간과 시민의 권리 선언」으로 세계인권선언문의 토대가 되었다.

-인간과 시민에 의한 권리선언-

제1조 인간은 자유롭고 평등한 권리를 지니고 태어나서 살아간다. 사회적 차별은 오로지 공공 이익에 근거할 경우에만 허용될 수 있다.

세계인권선언문은 **전문**(인권의 개념과 가치, 인권 목표, 인권실현 방법, 인권의 국제적 보장 및 회원국 의무), **인권의 일반원칙**(제1조~2조), **시민·정치적 권리**(제3조~21조), **경제·사회·문화적 권리**(제22조~27조), **인권 이행 관련사항**(제28조~30조) 등 5개 영역에 총 30개 조로 구성되어 있다. '세계 인권 선언'은 세상의 모든 인간과 국가가 달성해야 할 인권 존중의 기준을 제시한 선언이다.

'세계 인권 선언'은 개인의 자유와 권리를 상세히 명시하면서 인권과 기본적 자유가 모든 사람과 모든 장소에서 똑같이 적용된다는 사실을 세계 최초로 인정한 선언이다. 비록 직접적인 법적 구속력은 없으나 대부분 국가의 헌법 또는 기본법에 그 내용이 각인되고 반영되어 실효성이 크고, 1966년 제정된 국제인권규약은 '국제인권장전'으로서 세계 최초로 법적 구속력을 가진 세계적인 인권 관련 국제법이다.

『세계인권선언문(Universal Declaration of Human Rights)』

제 1-2조 : 인권의 일반원칙

제 1조 : 자유, 평등, 박애

제 2조 : 평등과 비차별

제 3-21조 : **시민, 정치적 권리-자유권(공동체에 참여/표현의 권리)**

제 3조 : 생명, 신체의 자유(생명권, 노예제 금지, 고문금지)

제 6조-8조 : 법의 보호(법 앞의 인격 또는 법의 보호, 법 앞의 평등, 법적 구제)

제 9조-11조 : 인신구속으로부터의 자유(자의적 체포금지, 공정재판 받을 권리, 무죄 추정 받을 권리)

제 12 조 : 프라이버시 권

제 13-15조 : 거주이전의 자유, 피난을 받을 권리, 국적을 가질 권리

제 16-17조 : 혼인의 권리, 재산을 소유할 수 있는 권리

제 18-20조 : 사상·양심·종교의 자유, 표현·집회·결사의 권리

제 21조 : 정치권(참정권)

제 22-27조 : **사회, 경제, 문화적 권리-사회권(사회보장, 노동/휴식 등)**

제 28-30조 : **인권 이행 사항 관련 조항-연대권(공동체가 함께 누릴 권리)**

제 28조 : 세계인권선언이 실현되는 사회에 살 권리

제 29조 : **공동체에 대한 의무**

제 29조 Article

1. 모든 사람은 그 안에서만 가능한 자신의 인격을 자유롭고 완전하게 발전시킬 수 있는 **공동체에 대한 의무가 있다.**

(1) Everyone has duties to the community in which alone the free and full development of his personality is possible.

2. 모든 사람은 자신의 권리와 자유를 행사함에 있어 **타인의 자유에 대한 적절한 인정과 존중을 보장**하고, 민주사회에서의 도덕심, 공공질서, 일반적 복지에 **정당한 필요를 충족시키기 위한 목적에서만 법률로 규정된 제한을 받는다.**

(2) In the exercise of his rights and freedoms,everyone shall be subject only to such limitations as are determined

by law solely for the purpose of securing due recognition and respect for the rights and freedoms of others and of meeting the just requirements of morality, public order and the general welfare in a democratic society.

3. 이러한 권리와 자유는 어떤 경우에도 국제연합의 목적과 원칙에 반하여 행사될 수 없다.

(3) These rights and freedoms may in no case be exercised contrary to the purposes and principles of the United Nations.

제 30조 : 권리를 짓밟지 않을 책임

연구 및 토의 방향

❑ 인류보편적 가치 '인권'

- 인권 침해 사례를 찾아 인권의 현실태 분석

  * 국내외 사례연구 및 분석(아동, 장애인, 노동, 인종, 여성, 북한 인권문제 등)

- 인권이란 무엇인가에 대한 개념 정립 – 인권문제 해결을 위한 방안 모색

  ※ 인권문제란 특정한 시대의 사회적 상황 여건아래 인간이 인간답게 살아갈 자유와 권리의 문제이기 때문에 사회의 변천에 따라 늘 새로운 이슈가 생겨나고 새로운 인권문제가 부단히 제기되게 된다.

05 인류 보편적 가치: '정의'
-정의란 무엇인가-

『인류보편적 가치 '정의', 인류의 보편적 가치로서 '정의'에 대한 개념을 이해하고 국내·외적으로 정의로웠거나 정의롭지 못했던 사회의 제반 활동과 역사적 사례들을 분석 '정의란 무엇인가'에 대해 연구하고 토의를 한다. 정의란 무엇인가에 대한 개념을 정립하고 정의로운 시민으로서의 가치와 태도를 견지토록 한다.』

1. '정의(正義, Justice)'란

'정의(正義)'는 이성적 존재인 인간이 언제 어디서나 추구하는 바르고 곧은 것 '옳음'을 의미한다. 인간으로서 지켜야 할 올바른 도리이다. 인간의 행위나 법규 및 제도 시행에 있어서 시시비비(是是非非)의 판단기준이 된다. 정의의 여신인 유스티치아(Justitia)는 두 눈을 안대로 가리고 있다. 정의를 실현하기 위해서 어느 쪽에도 기울지 않는 공평무사한 자세를 지키고자 하는 것이다. 저울과 검을 손에 잡고 눈을 가린 여신상에 의해 정의가 상징되어 온 것에서도 알 수 있듯이 정의가 해야 할 역할이란 경쟁하는 여러 요구 간에 적정한 균형을 확립하면서 근거 없는 차별을 없애고자 하는 것으로 생각해 볼 수 있다. 적정한 균형이나 근거 없는 차별의 유무를 어떤 기준으로 판단하고 차별의 제거는 어떻게 실현할 것인가?

"인간에게는 제우스가 정의(定義)를 내린 '정의(正義, Justice)보다 나은 선한 것은 없다"는 정의의 절대성에 대한 신앙을 주장한 헤시오도스(Hēsiodos)와 정의의 상대성을 주장하는 논자들(소피스트)과의 논쟁을 통하여 '정의란 무엇인가'라는 탐구를 본격적으로 시작한 인물이 플라톤(Platōn)이었다. 그가 주장한 '정의'란 지배자, 군인, 일반시민이 제각각의 맡은바 임무와 역할에 책임을 다하면서, 거기에 지혜와 용기, 질제기 실현된 조화로운 상태를 말한다는 것이다. 한편 아리스토텔레스(Aristotelēs)는 플라톤을 계승하여 "정의는 한 국가에서의 인간들의 유대이다"라고 설명하면서도 '법에 따르는 것'을 의미하는 광의의 정의와 '평등 또는 균등'을 핵심으로 하는 협의의 정의가 있다고 주장하였다. 후자는 지위나 재화를 개개인의 가치에 따라 분배하는 '분배적 정의'와 당사자 간에 발생한 손해를 시정하는 '광정[4](匡正)적 정의'로 구분된다고 논하였다. 2종류의 협의의 정의는 정치적 동물인 인간에게 '본래 가져야 하는 것'을 부여한다는 목적을 공유하고 있으며 이것이 로마법에 의해 갈고 닦여 '정의란 개개인에게 그의 정당한 몫을 부여하고자 하는 불변 또는 부단(不斷)의 의지이다'라는 고전적인 정식으로 정리된 것이다.[5]

4) 사전적 개념(네이버 국어사전), "잘못된 것이나 부정(不正) 따위를 바로잡아 고침"(reform, correction, 광정하다 correct, remedy)

5) 21세기 정치학대사전, 정치학대사전편찬위원회, 한국사전연구사

가. 아리스토텔레스의 '정의'

아리스토텔레스나 고대 사상가들에게 있어서 정의는 '올바름'의 문제였다. '올바름'은 법을 지키는 것이고 또 공정한 것이며, 올바르지 않음은 법을 지키지 않는 것이고 또 공정하지 않은 것이다. 정의의 일반적 규정으로 '법을 지킴'과 '공정함'이라는 두 개념이 주어지게 되며, 이 두 기준에 따라 전체적 덕으로서의 정의와 부분적 덕으로서의 정의로 구분된다. 정의에 관한 논의에서 정의에 반대되는 부정의(不正義) 개념을 토대로 논의를 할 수 있는 것은 **'정의'란 법을 지키며 이득과 손실을 따져 적정수준 이상이나 이하를 가지지 않으려는 중용의 탁월한 품성상태'라고 할 수 있다.**[6]

아리스토텔레스의 정의는 본질을 평등에 두고 평균적 정의와 일반적 정의 및 배분적 정의로 보았다. 평균적 정의에서 인간은 어느 누구에게나 인간으로서 동일한 존엄성을 부여받고 있으므로 평등하다는 절대적 평등원리이다. 보편적 올바름은 모든 사람들에게 요구되는 올바름이다. 이는 바로 준법이다. 이때 법은 국가에 의해 제정되고 강제되는 법이 아니라 넓은 의미의 법으로 윤리, 관습을 포함한다. 넓은 의미의 사회규범이다. 사회규범은 공동선을 지향하고 악을 거부한다. 따라서 법을 지키는 것은 바로 올바름을 지켜나가는 것으로 이것은 모든 사람에게 똑같이 요구되는 것이다.

일반적 정의는 사회에 있어서 개인권리의 상호적 존중을 규정하고 개인이 단체의 일원으로서 단체에 대하여 의무를 다하는 것을 뜻한다. 모든 사람에게 요구되는 필요한 조치, 즉 덕을 이행할 의무

6) 서울대학교 철학사상연구소

의 내용이 법에 의하여 규정되기 때문에 법적 의무라고도 한다. 개인의 자유와 권리를 중시하면서도 공동체의 가치를 함께 생각하는 공동체 전체에 이익이 되는 공익성, 공동선을 중시하면서 공공성의 보장 등과 조화를 이룰 수 있도록 책임과 의무를 다 할 수 있는 개인이어야 한다.

아리스토텔레스의 배분적(분배적) 정의는 권력이나 부, 지위 등을 나눌 때에도 개개인이 가치와 능력에 따라 차등 분배가 되어야 한다는 실질적·상대적 평등을 의미한다. 금메달 수상자와 동메달 수상자는 능력에 따라 다르게 대우한다. 배분적 정의에서 공정함은 지나치게 많음과 지나치게 적음의 중간으로 중용의 품성을 강조한다. '동일한 사람 사이를 평등하게, 동일하지 않은 사람들은 차등을 둬서 불평등하게 다루는 것'을 통하여 개개인에게는 그의 역할과 능력에 따라 정당한 몫이 부여되도록 하는 것이다.

근대의 정치사상에 있어서 '정의란 무엇인가'라는 이 물음에 단순명쾌하게 답을 내린 것이 **J. 벤담(Jeremy Bentham), J. S. 밀(John Stuart Mill) 등의 공리주의자에 의한 '최대다수의 최대행복' 원리이다**. 19세기말부터 '효용(utility)'개념이 근대 경제학에 채용되어 엄밀화 된 것과 반비례하여 그 인간적인 내용이 축소되어 최대행복 원리도 현상을 비판하는 힘을 상실하게 되었다. **공리주의를 대신하는 정의 원리를 제출하고자 한 J. 롤스(John Bordley Rawls)가 거기에 등장**한다. 그의 『정의론』의 간행으로 영어권의 도덕철학이 갑자기 활기를 띠게 되어 정의는 자유, 평등, 복지라는 현대사회의 중요 문제와 관련하여 논해야 하는 테마로서 재(再)부상하고 있다. 특히, 최근 주목을 끌고 있는 쟁점은 (1) 보편적인 정의와 개별적인 케어의 양립 가능성(C. 길리건 ; Carol Gilligan), (2) 사회를 구성하는 영역의 다원성을 통한 복합적 평등의 구상(M. 월처; Michael Walzer), (3) 부(不) 정의를 당한 사람들의 소구(訴求, appeal)에 귀를 기울이는 것의 의의(J. 쉬클라 ; Judith N. Shklar)에 대해서이다.7)

나. 존 롤즈(J. Rawls, 1921~2002)의 '정의(正義)'

근대의 정치사상에 있어서 '정의란 무엇인가'라는 이 물음에 단순명쾌하게 답을 내린 것이 **J. 벤담(Jeremy Bentham), J. S. 밀(John Stuart Mill) 등의 공리주의자에 의한 '최대다수의 최대행복' 원리**이다. 19세기말부터 '효용(utility)'개념이 근대 경제학에 채용되면서 인간적인 내용이 축소되고 최대행복의 원리도 현상을 비판하는 힘을 잃는다. 거기에 **공리주의를 대신하여 '정의' 원리를 제시한 J. 롤스(John Bordley Rawls)가 등장**한다. 그의 『정의론』은 도덕철학이 갑자기 활기를 띠게 되어 정의는 자유, 평등, 복지라는 현대사회의 핵심문제들과 관련한 주요테제였다.8)

존 롤스(John Rawls,1921~2002,미국의 철학자)의 정의(正義)는 '공정성으로서의 정의다.' 롤스의 공정한 사회의 첫째원칙(자유의 원칙)은 모든 이에게 '자유'를 완벽하게 누릴 수 있도록 하여야 한다는 것이고 둘째원칙(차등의 원칙)은 가장 빈곤한 사람들의 복지에 대해 우선적으로 '배려'해야 한다는 것이다. 존 롤스(John Rawls)의 '공정한 사회'는 가장 합리적인 절차에 의해서 공동체의 운영원칙이 수립된 경우에 실현이 가능하다. 우선 '자유'가 사회운영의 제

---

7) 21세기 정치학대사전
8) 21세기 정치학대사전

1원칙임을 천명한다. 평등한 분배를 요구하는 원칙으로 공정한 기회균등의 기본적 자유와 소득과 부의 평등한 분배를 확립해 줄 원칙이다. 여기서 기본적 자유란 시민적 자유로서 어느 누구로부터도 침해받아서는 안되고 누구에게나 동등하게 보장되어야 하며 기본적인 권리와 의무의 분배에 있어서 평등해야 한다는 것이다.

제2원칙은 '차등의 원칙(the difference principle)'으로 '기회균등', '공정', '평등'의 원리가 동시에 작동해야하며 사회적·경제적 불평등을 허용하되 그것이 모든 사람의 정당성을 충족해야 한다. 즉, 사회적·경제적 '차등'을 허용하지만 사회의 최소 수혜자에게 그 불평등을 보상할만한 최대 이득이 되어야 한다.(정전법 井田法) 그것은 공정한 기회균등의 조건 아래 사회의 직위 직책은 모든 사람에게 개방되고 사회경제적 불평등은 최소 수혜자의 입장을 개선시키는 한도 내에서 정당화될 수 있다는 원칙이다.

롤스(J. Rawls, 1921~2002)의 『정의론』의 첫 대목에서 '정의'는 '공정으로서의 정의'다. 이 공정성으로서의 정의는 가장 합리적인 절차에 의해서 공동체의 운영 원칙이 세워질 경우에만 실현될 수 있다고 봤다. 그런데 "사회는 상호간의 이해의 일치뿐만 아니라 이해의 상충이라는 특성도 갖는다.[9] 공정한 사회에서는 누구라도 그에게 자신을 위해 특별한 이득을 취할 길은 없다. 반면에, 그가 특별히 손해를 입는 것을 그대로 묵과할 이유도 없다. 그가 사회적인 근본적 재화의 분배에서 동등한 몫 이상을 기대한다는 것은 합리적이지 못하며, 동등한 몫보다 적은 것에 동의한다는 것은 이성적이지 못한 까닭에, 그가 택할 수 있는 현명한 길은 평등한 분배를 요구하는 원칙을 정의의 제1원칙으로 인정하는 일이다. 사실 이러한 원칙

9) Rawls, 같은 책, p. 4.

은 누구나 막론하고 너무나 분명하여서 누구에게나 즉각적으로 떠오르는 것이다. 그래서 당사자들은 공정한 기회 균등을 포함한 만인에 대한 평등한 기본적 자유와 더불어 소득과 부의 평등한 분배를 확립해줄 원칙에서부터 출발한다."[10] 그러니 롤즈에게 있어서 최대한으로 평등한 시민들의 정치적 자유는 어떠한 사회적·경제적 대가로도 제한될 수 없는 것이다. 그것은 시민들의 정치적 자유의 권리가 사회적·경제적 평등의 권리에 우선함을 말한다. 이는 곧 제1원칙의 준수를 전제로 비로소 제2원칙이 기능할 수 있음을 뜻하는 것이다.

제2원칙은 사회적·경제적 차등을 허용하지만, 이 '차등'이 정당성을 얻는 것은 이 차등을 통하여 사회의 최소 수혜자의 이득이 오히려 증대하는 경우뿐이다. 예컨대 정전법(井田法)에 준하여 산술적으로 평등하게 토지를 배분한 결과 사회 구성원 8명이 각자의 경작능력에 따라 1부터 3까지의 소득을 올리는 상황에서 제도를 바꿔, 사회 구성원 1명이 50%를 소유해 고도의 경작 기술을 발휘하여 50의 소득을 올린 경우 20은 그 경작자의 몫으로 하고, 그 나머지를 여타 7명에게 분배한 결과 최소 수혜자의 소득이 5가 된다면, 이는 허용될 수 있다는 것이다. 롤즈의 제2원칙이 이를 함축한다면, 그것은 결국 로크에서도 볼 수 있는 사유 재산 제도의 정당화와 자본주의 실현을 가능하게 하는 토대 이론이라 할 수 있다. 그러나 제 아무리 '원초적 상황'에서라 하더라도 이 같은 결과를 낳을 수도 있는 **차등의 원칙에 과연 사회 구성원이 쉽게 합의할지는 의문이다. 자유주의적 평등 사회에서 절대적 빈곤 문제는 해결된다 해도 상대적 빈곤 문제가 불거질 것임은 충분히 예측할 수 있는 상황이니 말이다.**

10) Rawls, 같은 책, p. 130.

그리고 또 절대적 빈곤이 문제가 되는 사회가 있다면 거기에서 롤즈식 원칙들 간의 축차적 서열이 의미 있을지도 의문이다. 사실상 이 원칙들 사이의 우선성의 서열은 최소한 구성원 어느 누구도 생존의 위협을 받지 않는 경제적 조건이 갖추어진 사회에서나 통용될 수 있다고 보이기 때문이다. 그 때문인지 롤즈 역시 경우에 따라서는 사회적·경제적 평등이 정치적 자유에 앞서 고려되어야 함을 은연중에 시사하고 있다. 롤즈의 생각에 사람들이 정의의 원칙에 따라 분배해야 한다고 요구하는 것으로 '근본적인 사회적 재화'(primary social goods)가 있다. 개인의 이성적인 계획이 그 세부 사항에 있어서 어떤 것이든 상관없이 그가 적기보다 많기를 바라는 것들이 여러 가지 있다고 생각된다. 이들 재화를 더 많이 가질 때 사람들은 일반적으로 자신들의 의도를 이행하고 목적들 —이들 목적이 무엇이든— 을 진척시키는 데 있어 보다 큰 성공을 이룰 것이라고 확신할 수 있다. 근본적인 사회적 재화는, 넓은 범주로 나눠보면, 권리들 및 자유들과, 기회들 그리고 소득과 부이다.[11]

나는, 이들 근본적인 재화는 일반적으로 이성적인 인생 계획을 수립하고 실행하는 데 있어 필요한 것이므로, 그 외에 무엇을 원하든, 이들 재화를 원하는 것은 이성적이라고 본다. 원초적 상황에서 사람들은 이런 '재화(좋은 것)' 개념을 받아들일 것으로 생각되며, 따라서 그들은 그들이 보다 큰 자유와 기회, 그리고 그들의 목적을 달성하기 위한 보다 광범위한 수단들을 바라는 것은 당연하다고 여길 것이다.[12]

그러나 이들 근본적인 재화들 가운데서도 어느 정도의 '소득과

11) Rawls, 『정의론』, p. 79.
12) Rawls, 『정의론』, p. 380.

부'는 사람이 사람답게 사는 데 필수적인 것이다. 정치적 자유는 충분히 누리고 있으나, 사회 구성원 대부분이 경제적 궁핍으로 인해 고통 받고 있는 상황이라면 그러한 사회를 정의롭다고 볼 수는 없다. 경제적·사회적 체제에 있어서의 불평등은 유리한 역사적 조건 아래에서 존재할 수 있었던 정치적 평등을 순식간에 저해한다.[13]

이 같은 롤즈의 생각을 종합해볼 때, 롤즈 주장의 요지는 결국 완전 개인주의적 자유보다는 평등의 원칙을 수용하는 상대적 제한적 자유가 더 정의롭다는 것이며, 경제적 평등 실현이 정치적 평등 실현의 토대가 된다는 것이다. 그래서 "롤즈는 배경 제도의 정의를 유지하는 것과 공공선(public good)의 산출에서 정부의 중심 역할을 인정한다. 그런 점에서 롤즈는 자유지상주의(libertarianism)의 최소 국가 입장을 비판한다. 또한 롤즈는 정치적 사회를 사적 사회로 보는 것을 거부하고 정치적 사회가 개인에게 단순히 수단적 가치만이 아니라 그것 자체로서 추구해야 할 적극적 가치라는 것을 인정한다. 그리고 일반적으로 자유주의와 결합되어 있는 것으로 생각되고 있는 개인주의적 입장도 받아들이지 않는다. 그렇지만 그는 공동체주의자들의 입장과 자신의 입장을 동일하다고 보지는 않는다. 그는 사회적 연합체를 일반적인 공동체나 단체와 구분하고, 민주주의 정치 사회를 사회적 연합체들의 사회적 연합체(a social union of social unions)라고 규정한다."[14]

요컨대, 롤즈는 전통적인 자유주의가 제일의 가치로 내세우는 자유의 원리와 전통적 사회주의가 제일의 가치로 내세우는 평등의 원리를 화해시킴으로써 이룰 수 있는 '정치적으로 자유로운 경제적 복

---

13) Rawls, 『정의론』, p. 199.
14) 염수균, 『롤즈의 민주적 자유주의』, (천지, 2001), p. 27.

지국가'를 '정의로운 사회'의 정형으로 보고 있다고 말할 수 있다. 그런데, 이 '정의로운 사회'는 시민들이 적어도 합리적 수준의 도덕성은 갖추고, 시민들 사이에 우애(友愛) 관계가 두터울 때나 실현 가능한 것이다.

우리는 그 행위 양식에 따라 세 부류의 사람을 생각해볼 수 있다. 첫째로 벤담(J. Bentham, 1748~1832)이 말한 '공리성(utility)의 원리' 같은 것에 따라 행위 하는 사람, 곧 오로지 자신에게 이익이 되는 것은 추구하고 손해가 되는 것은 회피하는[15]사람과, 둘째로 자신이 마땅히 해야 한다고 생각하고 또 다른 사람들도 모두 그렇게 행위하고 있다면, 그것이 자기에게 손해가 되더라도 실행하는 사람, 그리고 셋째로 칸트의 "인격성의 원리"[16]와 같은 것에 따라 행위 하는 사람, 곧 자신이 마땅히 해야 한다고 생각하면 다른 사람들이 어떻게 행위 하든 상관없이 그것이 자기에게 손해가 되더라도 실행하는 사람 말이다.

롤즈의 '정의로운 사회'가 유지될 수 있으려면 그 사회는 최소한 두 번째 부류의 사람, 이를테면 '시민성의 원리'에 따라 행위 하는 사람들로는 구성되어야 할 것이다. 그렇지 않으면 특별히 유리한 처지를 차지하게 된 사람이나 불리한 처지에 놓이게 된 사람은 당초에 제아무리 근사한 합의 계약이 성립됐다 하더라도 그것을 수시로 파기하려 할 것이기 때문이다. 그래서 롤즈는 자유(libertas, liberté)와 평등(aequalitas, égalité)의 조화를 통해 정의가 실현되기 위해서는 박애(博愛, fraternitas, fraternité)의 원리가 충분

15) 백종현, 『현대 한국사회의 철학적 문제 : 윤리 개념의 형성』, 철학과 현실사, 2003, p. 162 이하 참조

16) 백종현, 『현대 한국사회의 철학적 문제 : 윤리 개념의 형성』, 철학과 현실사, 2003, p. 104 이하 참조

히 기능해야 함을 역설한다.

이제까지 자유와 평등에 비해서 우애(박애 博愛, 이웃사랑)라는 관념은 민주주의 이론에서 덜 중요한 위치를 가졌다. 박애(博愛)는 그것이 없이는 민주주의적 권리들이 표현하는 가치들을 알아보지 못하게 되는 어떤 마음의 태도요 행동의 형식임을 알려주는 것 외에, 그것 자체가 본래 어떤 민주주의적 권리로 규정되는 것이 아니어서, 그다지 특유한 정치적 개념으로 생각되지 않은 것이다. 의심할 여지없이 박애는 시민적 동지애(civic friendship)와 사회적 연대(social solidarity)감을 함의한다. 하지만 우리는 그러한 근본이념에 부합하는 정의의 원칙을 발견해야 한다. 그런데 차등의 원칙은 박애의 자연스런 의미, 다시 말해 보다 못한 처지에 있는 타인들에게 이익이 되지 않는 한 보다 큰 이익을 가질 것을 원하지 않는다는 관념에 부합하는 것으로 생각된다.17)

실제 시민 사회에서 사람들이 어떤 공동체의 협약을 맺는 것은 롤즈가 상정한 원초적 입장에서가 아니다. 실제 사회에서는 언제나 대부분의 사람들에게 그들 자신의 자질과 취향이 상당한 정도로 알려져 있기 마련이다. 그런 상황에서도 차등의 원칙이 통용되기를 기대하는 것은 다름 아니라 시민들 사이에서 가족애에 버금가는 정도의 우애(友愛) 관계가 유지될 것을 기대하는 것이다. 그것은 각자 자신의 최대 이익을 확보하려는 개인 주체들과 이 개인들의 바로 그 점에서 일치하는 관심에서 생겨난 시민사회가 우애의 덕(德)에 의거하기를 기대하는 것이다. 우애(박애博愛)의 덕은 "타인에게 의존하려는 사람에게는 자존심을 보존케 하고, 남에게 혜택을 베풀 수 있는 운이 좋은 사람에게는 흔히 있기 쉬운 자만심을 방지하도록 해

---

17) Rawls, 『정의론』, p. 90.

준다."[18]

다. 마이클 샌델(Michael J. Sandel) '정의란 무엇인가?'

마이클 샌델(Michael J. Sandel)은 복지(행복), 자유, 미덕의 세 가지 관점으로 이 시대에 정의는 무엇인지 탐구했다. 정치 철학가인 마이클 샌델은 존 롤스의 정의론을 『자유주의와 정의의 한계』로 비판하면서 세계적 학자가 되었다. 특히 한국을 방문 대규모 공개 강연을 통해 대한민국의 지식인들에게 정의에 대해 다시 생각해보는 계기를 마련해 주었다. 한국의 젊은 학생들이 보여주었던 엄청난 열기에 놀랐다고 했다. 한국의 청년들은 왜 그토록 정의에 목말라 하고 열광했던가 그 이유가 무엇인지 오늘날을 살아가는 우리 청년학생들에게도 시사 하는바가 클 것이다. 샌델의 대표작 『정의란 무엇인가』는 예시된 많은 사례들을 통해 만연해진 불공정과 불평등으로 사회적 갈등이 심화되는 시기에 옳은 행동과 바람직한 삶의 방식을 정립할 수 있는 철학적 기반을 제시한다.

샌델은 정치 철학사 속에서 뛰어난 업적을 남긴 사상가들의 이야기를 통해 그들이 정의에 대해 어떻게 생각했는지 비판한다. 제러미 벤담과 존 스튜어트 밀의 공리주의는 다수에게 도움이 되는 결정을 지지하지만, 고문이나 대리 출산과 같은 인간의 존엄성 문제에는 도덕적 한계를 지니고 있다고 말한다. 또한 임마누엘 칸트가 말하는 자유와 도덕의 개념은 설득력이 강하지만, 친구를 위해 살인자에게 거짓말을 하는 것이 도덕적으로 옳지 못하다는 사례처럼 정언 명법

---

18) 백종현, 『현대 한국사회의 철학적 문제 : 윤리 개념의 형성』, (철학과 현실사, 2003), pp. 240-241.

을 받아들이기 어려운 결과가 나타날 수 있다고 평가한다. 특정한 이해관계가 사라진 무지의 장막 뒤에서 정의의 원칙을 합의해야 한다는 존 롤스의 주장도 완벽해 보이지만, 노예제를 인정한 과거 미국 헌법과 같이 아무리 중립적이고 객관적으로 사유하려해도 결국 공동체의 이익이나 관습을 근본적으로 제거하는 것이 불가능하다고 지적한다. 샌델은 비판적인 사고를 통해 정의에 대한 생각을 수정하고 바로 잡는 정치 철학의 근본적인 존재 이유를 새삼 확인하고, 모두에게 좋은 사회를 향해 어떻게 살아갈 것인가에 대한 바람직한 철학적 기반을 마련할 수 있을 것이라고 보았다.

"시민으로 살아가는 법을 스스로 생각하라"

샌델이 정의를 이해하고 판단하는 세 가지 관점인 복지(행복), 자유, 미덕은 복지의 극대화, 자유의 존중, 미덕의 배양이다.

정의를 이해하는 첫 번째 관점인 공리주의(Utilitarianism)는 J. 벤담(Jeremy Bentham), J. S. 밀(John Stuart Mill) 등의 공리주의자에 의한 '최대다수의 최대행복' 원리이다. "최대다수의 최대 행복을 가져오는 행위나 결정이 정의로운 일이다." 경제적 풍요와 경제성장을 지향하지만 특히 타인의 고통을 망각한 탐욕은 악덕이고 나쁜 태도이다. 공리주의(Utilitarianism)적 관점에서 좋은 사회는 개인의 이익을 극대화하기보다는 서로를 챙기게 된다.

2008 금융위기 때 미국 가정은 총 11조 달러의 손실을 봤다. 독일·일본·영국의 연간 총생산액과 합친 것과 맞먹는 액수였다. 부시 대통령은 7천억 달러의 구제금융 승인을 의회에 요청했다. 기업들은 공적자금 지원을 받아 임원들에게 수백만 달러의 보너스를 지급했다. 미국인들은 분노했다. "사람들의 분노는 탐욕을 포상했기 때

문이 아니라 실패에 포상했기 때문이다" 미국인들은 탐욕보다 실패에 더 엄격하다. 미국 하원은 보너스의 90%를 세금으로 회수하는 법안을 통과시켜 5천만 달러를 회수했다. ("예" - '정의란 무엇인가' 에서)

샌델(Michael J. Sandel)이 정의를 이해하는 두 번째 관점은 자유주의(Liberalism)이다. "개인의 자유를 지켜주는 것이 정의이다." 스스로 선택할 자유를 존중해야 한다는 것이다. 롤스(J. Rawls)의 제1원칙인 자유의 원치과 기본적인 개념과 맥락은 동일하다고 할 수 있다.

샌델(Michael J. Sandel)이 정의를 이해하는 세 번째 관점은 공동체주의(Communitarianism)로 "미덕(virtue)의 추구로 보다 좋은 삶에 기여할 수 있는 결정이 정의라고 보았다." 미덕(virtue)추구는 도덕적, 종교적 신념과도 관계있으며 정의(justice)는 행복의 극대화나 개인의 자유보장으로 단순히 설명할 수 없으며, 오히려 도덕적, 종교적 가치에 대한 논의로부터 공동체 구성원의 좋은 삶과 공동선에 대한 답을 찾아보고자하는 공동체 주의를 주장한다.

연구 및 토의 방향

❑ 인류보편적 가치 '정의'

'정의'(正義, Justice)란 무엇인가?

- 인류보편적 가치 '정의'린 무엇인가?에 대한 개념을 정립한다.
- 정의와 관련된 다양한 사례들을 찾아 정의의 개념을 적용
  이에 대한 연구 및 토의 실시

06 다원적 가치에 대한 이해: -함께하는 다문화-

『글로벌 시대 우리는 다문화 사회를 표방하면서 다른 문화와 전통을 수용하고 정치공동체 내의 같은 시민으로서의 권리가 보장되어야 한다. 우리는 다양성이 주도하는 세계화시대에 살고 있다. 우리들 주변에 문화와 세대 차이를 극복하고 성공적인 삶을 살거나, 혹은 직·간접적으로 경험한 다문화 사례들을 중심으로 우리가 진정한 세계시민이 되기 위해서는 다양성의 가치에 대한 현상을 어떻게 받아들이고 어떻게 발전시켜 나가야 할 것인지에 대한 연구 및 토의를 실시한다.』

1. 다문화

다문화란 한 국가 속에 다른 인종·민족·계급 등 여러 집단이 지닌 문화가 함께 존재하는 것을 말한다. 다문화는 '많을 다(多)'에 '문화(文化)'라는 말이 붙어 여러 나라의 다양한 생활양식이라는 뜻으로 여기서 이어진 다문화주의(多文化主義, Multiculturalism)는 민족마다 상이한 문화나 언어를 하나의 문화나 언어로 동화시키지 않고 공존시켜 예속이나 병합을 꾀하지 않고 서로를 승인하고 존중하는 사상·운동·정책이며 문화의 우열을 생각하지 않으며 다양한 문화의 공존을 추구하는 이념이다. 다문화주의는 강화된 보편주의로서 다양한 여러 문화의 평등한 공존을 지향하는 점에 다문화주의의 특징이 있다. 이민자나 귀화자가 현지 문화에 동화되어 하나의 문화로 수용되는 동화주의와는 다소 차이가 있다. 귀화인이나 이민자가 우리 사회에서 우리말을 익혀야 하며 사회활동을 해야 하는 것은 동화주의에 기반 한 것이다. 동화주의는 녹아서 하나로 섞여버리는 용광로 문화라고 할 수 있다. 반면 각자의 문화를 가지고 하나의 사회에 각자의 고유한 맛과 멋을 간직한 채 살아가는 Salad Bowl(샐러드 볼)문화를 다문화주의라고 할 수 있다.

다문화주의는 미국, 캐나다, 오스트레일리아 등에서 1970년대 초부터 제창되기 시작하여 활발한 논쟁 끝에 1980년대에 정책으로서 결실을 맺었다. 이후 EU에도 다문화주의적인 견해가 도입되었다. 서유럽의 다문화주의는 타국 이민자에게 동화와 자국 공용어 사용을 강요하지 않는다. 19)

한편 극단적으로 이념화된 '강화된 보편주의'로서의 다문화주의가 오히려 제문화의 분리나 차별을 귀결한다는 역설로서 나타나는 경우도 있다. 우리는 자신과 다른 문화, 피부색, 혈통을 가진 사람들과의 톨레랑스(tolerance, 용인)적 모델의 정착이나 다문화주의의 이념대로 여러 문화가 공존하며 살아가는 이상적인 모습을 만들어 갈 수 있을까?

---

19) 21세기 정치학대사전, 다문화주의(multiculturalism, 多文化主義)는 세계화에 따른 다문화 현상이 내포한 갈등과 긴장의 현실을 해결하기 위해 문화적 다양성의 존중을 하나의 윤리적, 정치적 원리로 제안하는 이론이다.

가. 다문화 가정

다문화 가정은 "우리와 다른 민족·문화적 배경을 가진 사람들로 구성된 가정"으로 정의하고 있다.(-교육과학기술부-) 다문화 가정은 국제결혼 또는 이중문화 가정 즉 서로 다른 인종의 부부 사이에서 태어난 자녀를 중심으로 이뤄진 혼혈인 가정을 말한다. 한 가족 내에서 다양한 문화가 공존하고 있다는 의미에서 국적에 따른 차별성을 내포하고 있던 국제결혼가족이라는 용어를 대신한다. 내국인과 외국인이 결혼한 가정을 일컫는 표현은 크게 '혼혈인가족(서로 다른 인종 간 태어난 자녀)', '국제결혼가족(국경을 넘나드는 결혼의 형태)', '다문화가족(다양한 가족의 형태 중 하나)' 등 세 가지로 압축된다. 최근에는 한국인 남성과 결혼한 이주여성가족, 한국인 여성과 결혼한 이주남성가족, 이주민가족(이주노동자, 유학생)을 포함해 그 범위가 확대되고 있다.[20]

다문화 가정은 해마다 늘어나고 있는 추세다. 이렇게 다문화 가정이 늘어나면서 국적에 따라 우리나라에도 다양한 문화가 공존하게 되었다. 비교적 짧은 시간 안에 외국인이 늘어나게 되면서 그에 따른 문제점들도 생겨나고 있다. 다문화 가정이 급증하면서 그에 따른 문제점 또한 많아진 상태인데 첫째, 외국인이 한국어를 잘 하지 못하기 때문에 일어나는 일들이다. 특히 외국인 엄마의 경우, 그 자녀들에 대한 교육이 문제가 되고 있다. 어릴 때부터 우리말을 제대로 배우지 못한 다문화 가정의 어린이들이 언어 장애를 겪게 되거나 학습부진아가 되기도 하고, 학교에서 친구들로부터 소외되기도 한다. 둘째, 문화와 세대 차이를 극복하기 힘든 부분이다. 동남아 지

---

20) 시사상식사전(박문각), 다문화가정[多文化家庭]

역에서 우리나라로 결혼하기 위해 오는 여성들은 20대 초반이고, 이들과 결혼하는 한국의 남성들은 그보다 훨씬 나이가 많은 경우가 많다. 그러다 보니 서로의 문화와 세대 차이를 극복하지 못해 어린 신부들이 가출하는 문제도 생기고 가정 내의 불화가 생기게 된다. 셋째, 아직 이주노동자들에 대한 차별이 많이 존재한다. 이주노동자들은 노동 시간에 비해 임금이 낮고, 다른 회사나 지역으로 옮겨 다니는 것을 막으려고 임금을 제때 주지 않는 경우가 많다는 것이다. 또 작업 중 다쳤을 때에도 제대로 도움을 받지 못하는 경우가 많다는 것으로 노동 조건의 개선 노력이 절실한 것이다.

이처럼 우리나라에서 다문화인들이 알게 모르게 차별을 받아 온 면이 없진 않았지만 지금은 점차 인식이 달라지고 있고 사회 각 분야에서 열심히 활동하고 있는 상태다. 우리 대한민국도 퇴임한 미국의 버락 오바마 대통령처럼 다문화 가정 출신으로서 성공 스토리를 쓸 수 있는 차별 없는 세상을 만들어 갈 수 있어야 한다. 한 때 우리는 '세계 유일의 단일민족'이라는 자긍심을 가지고 있었다. 하지만 이제는 누구나 열린 마음으로 우리와 서로 다른 피부색, 문화를 가진 사람들과 어울려 살아갈 준비를 할 수 있어야 한다.

나. 다문화 사회

다문화 사회란 한 국가나 한 사회 속에 다른 인종. 민족. 계급 등 여러 집단이 지닌 문화가 함께 존재하는 사회로서 경계를 넘어 서로의 문화를 가치 있게 여기고 존중하려는 사회이다. 보편적으로 문화적 다양성과 평등성이 강조된 '다원문화사회'라는 개념과 인구학적 구조와 변동의 의미가 강조된 '다종족사회'라는 두 가지 개념을 포괄하는 사회이다. 통계적으로 인구 전체에서 차지하는 비율이 5%가 넘으면 다문화사회로 분류하는데 우리나라는 2020년대부터 다문화 사회로 진입하게 되었다.

다문화 사회는 노동력 부족 문제 해결에 기여하며 농어촌 지역사회에 활력을 불어넣고, 다양하고 풍요로운 문화를 형성시킬 수 있는 긍정적인 영향 요소를 가지고 있다. 반면 다문화사회의 도래로 이주자와 원래 거주자들 간의 언어, 제도, 가치관, 생활양식의 차이로 인한 문화적 갈등이 증가되고, 외국인 이주 노동자의 경제적 지위와 편견과 차별 등으로 인한 인권 침해, 일자리를 둘러싼 사회·경제적 갈등이 노정될 수 있다. 결혼 이민자들은 기본적으로 언어문제와 상이한 문화로 인한 어려움이 가장 클 수 있고 한국의 법과 제도에 대한 무지, 지원체계 부족, 국제결혼으로 출생한 자녀들의 언어장벽으로 인한 또 다른 사회소외계층을 형성하는 등 고통을 감내해야 하는 실정이다. 또한 한국어 능력 때문에 사회 심리적인 갈등을 해결하지 못한 좌절감으로 심한 자아정체감 위기를 겪기도 하고 비행이나 반사회적 행동을 보이는 문제아가 될 가능성이 항상 존재한다. 생활환경이 넓어지면서 사회적 압력과 장래에 대한 불안증대로 심한 자아정체감의 위기를 초래할 수 있다.

교육적으로 다문화가정의 아동들은 첫 사회적 경험 장소인 유치원이나 초등학교 에서 부터 자신의 외모적 특성에 의하여 또래들로부터 놀림을 당하게 되고 대부분 유치원이나 학교에 가지 않으려고 하는 다문화 가정 청소년이 겪는 불안, 과잉행동, 애착문제 등 심리적 문제를 노정하고 있다.

상대방이 단지 다르다는 이유만으로 무조건 경계하는 외국인 기피증인 '제노포비아(xenophobia) 현상'과 사회에서 소외된 소수

집단의 정치적 폭동, 내국인을 대상으로 한 범죄 등 외국인 범죄의 발생 가능성이 증대되는 크고 작은 문제들은 우리가 함께 풀어가야 할 과제이다.

다. 다문화 교육

다문화 가정, 다문화 사회가 발생시키는 여러 가지 문제점들은 다양한 문화가 공존하는 공동체에서는 자연스러운 현상이다. 단지 다양함을 인정하고 존중해 줄 수 있는 문화적인 인식의 변화를 위한 제도적인 교육이 보다 필요해 진 것이다. 다문화 사회의 장점들과 다문화 수용에 대한 긍정적 인식이 필요하다. 다문화 교육은 서로 다른 문화가 공존하는 현실에서 서로 존중할 수 있는 태도를 가지고, 사회 구성원으로서 모두가 필요한 역할을 수행함으로써, 조화로운 공동체를 형성하도록 도우며, 정체성 확립과 편견 해소를 목적으로 실시되어야 한다.

다양한 문화, 민족, 성, 그리고 다양한 사회계층과 학생들이 동등한 교육적 기회를 얻고, 긍정적인 문화교류 태도와 인식을 가지고 행동을 발달시키도록 돕는 것을 목표로 해야 한다. 다문화 사회에 필요한 지식과 가치 등을 전하는 다문화 교육을 이주민과 학생뿐만 아니라 일반 시민을 대상으로도 확대하여 체계적으로 진행 한다.

다문화 사회의 문제점을 해결하기 위해서는 샐러드가 각자의 고유한 맛을 가지면서도 조화롭게 맛을 내는 것처럼, 국가라는 큰 그릇 안에서 샐러드 같이 여러 나라의 고유 문화가 어우러져 공존하는 새로운 문화를 만들어 가는 샐러드볼 문화가 정착될 수 있도록 지역사회 공동체내에 자연스럽게 융화되도록 함께 노력해야 한다.

"불가능이라는 말은 절대 하지 마라.
그냥 쓰레기통에 던져버려라"

– 괴테, 독일 –

연구 및 토의 방향

❑ 다문화, 다원적 가치에 대한 이해

- 다문화, 다원적 가치에 대한 이해와 나눔 - 공감노력
- 다문화 사례들을 탐색, 장단점을 도출해보고 건전한 다문화의 정착을 위한 방안을 토의

07 세계시민주의와 열린민족주의

『민족주의란 무엇인가? 근대적 의미의 민족·민족주의 개념이 무엇인지 탐색·연구하여 개념을 정립한다.

- 종족적(낭만적)민족주의에 대한 문제점을 분석, 비판 능력을 갖춘다.
- 낭만적 민족주의(romantic nationalism)를 극복하기 위한 시민적 민족주의의(civic nationalism) 발전방안을 연구한다.
- 민족, 민족주의에 대한 근대적 개념에 대한 이해를 바탕으로 낭만적민족주의를 극복하고 열린민족주의와 세계시민으로서 시민적민속주의를 지향한다.』

1. 열린민족주의[21]와 공존적 국제주의

가. 민족주의란?

1) 민족, 민족주의 개념

민족은 nation, volk의 번역어이다. nation은 민족, 국민, 국가의 뜻을 가진 근대의 산물로서 이성적, 정치적 관념을 가지고 있다. **nation(민족)**은 루소(JJ.Rousseau)를 비롯한 계몽주의 학자들에 의

21) 권순철, "남북한 문화민족주의에 대한 비판적 평가" 2016, pp.277-281.

해 정립된 개념으로 **절대군주에게 있던 주권이 개인에게로 넘어와 국민주권체제로 변경**되었던 프랑스 시민혁명(1789년)의 이념적 토대가 되었다. **nation(민족)**은 자유로운 개인에게 주권적 권리가 부여된 자유·평등·박애라는 정치적 이념, 즉 자유민주주의 체제의 이념적 토대를 공유한 사회적 계약공동체 개념이다. 국가(state)와 동일성 영역인 민족(nation) 개념의 정립으로 프랑스 시민혁명은 국가가 민족을 위해 존재함을 확인하였다. 일부 사전적으로는 **"민족을 구성하고 통합하며 민족 단위의 국가형성을 위한 정치사상" 이라고 정의되고 있다.**[22] 루소(JJ.Rousseau)의 '민족(nation)'은 우리가 가지고 있던 전근대적 의미의 단순한 종족적, 문화적 민족이 아니다. '민족(nation)'은 국가형성의 이념이며 정치적 의미를 가지고 있는 근대의 산물인 것이다. 한편 volk는 루소의 이념을 받아들인 Herder에 의해 독일 낭만주의와 결합하여 언어·핏줄·역사를 같이하는 문화적 공동체(Gemeinschaft적 성격)를 의미하는데 비정치적이며 종족적·낭만적인 집단 관념을 가진 전근대적 개념이다. volk적 낭만민족주의는 이후 히틀러에게 이용되면서 나치즘이라는 폐쇄적인 종족적 전체주의를 낳았다.

프랑스 철학자 르낭(Ernest Renan,1823-1892)은 "'민족'의 존재는 매일 매일의 국민투표다"라고 하였다. '민족'이란 자유로운 선택권을 가진 주권적 개인이 존재하고 자유로운 개인의 주권적 선택에 의한 사회적 공동체를 의미한다. 즉, 선택으로서의 '민족'은 출발부터 민주주의와 함께 갈 수밖에 없다. 따라서 근대적 의미의 '민족'은 단순히 종족적 동질감만으로 만들어 지는 것이 아니라 그 위에 주권을 가진 자유로운 개인의 선택에 의해 만들어 지는 것이다.

---

22) 한국민족문화대백과사전

루소(JJ.Rousseau)를 비롯한 계몽주의 학자들에 의해 정립된 민족(nation) 개념은 "민족(nation)은 개인의 자유의지에 의한 선택과 동의를 전제로 한 사회적 공동체"이다. 루소(JJ.Rousseau)의 민족주의 개념의 핵심은 상호 동등한 권리를 갖는 '평등'에 토대를 두고 있으며 민족주의는 보편적 인권 개념과 직접적으로 연관되어 민주주의를 기반으로 하고 있다. 단순히 종족이나 문화적 동질성의 문제가 아닌 개인의 자유로운 선택과 동의의 문제가 전제되어야 함을 강조하고 있다. 즉, 민족주의는 주권적 개인의 선택에 의해 이뤄지는 국민주권, '국민주의'라고 해석함이 이해가 더 쉬울 것이다.

민족(nation) 개념을 정의한 몇몇 학자들 중 특히 프랑스 성직자 **시이에스**(Emmanuel Joseph Sieyès, 1748-1836)는 민족(nation)을 "공통의 법률 아래 동일한 입법기관을 통해 대변되는 결합된 개인들의 총화"라고 하였다. **민족(nation)**은 '개인의 자유와 평등에 대한 가치 이념이 법률과 제도 등 사회적으로 결합된 **시민공동체**'이다. 민족이란 법률적 국가 구성원 전체 즉 국가시민 그 자체이며 국민(인민)주권은 곧 국가권력이다.

홉스 봄(E. J. Hobsbawm,1917-2012)은 "국가와 민족주의가 민족을 만들었다"고 하여 민족(nation)의 일차적 의미는 정치적인 것, 민족과 인민과 국가 간에는 정치적 등식이 성립되며 보편적 인권 개념과 직접적으로 연관된 민주주의를 그 기반으로 함을 역설하였다. **베네딕트 엔더슨**(Benedict Anderson,1936-2015)은 "민족은 주권적인 것으로 상상되는 '상상의 공동체'다."라는 유명한 말을 남겼고 마이네케(Fredrich Meinecke, 1862-1954)는 **"국가민족(staatsnation)"** 관념으로 개인이 민족을 자유롭게 선택할 수 있는 의지나 주관적 신념을 가진다.[23]고 하였다.

2) 한국민족주의

원래 우리에게 '민족'이란 말이 없었다. 1905년경 '민족'이란 단어가 처음 일본으로부터 들어오면서 사용하게 된 것이다. 1860년대 일본에서 'volk'를 '민족', '족민' '국민'으로 처음 사용하고 있었는데 우리에겐 동경유학생들에 의해 '민족'이란 단어로 전해오게 되었다. 당시 중국의 사상가 양계초를 비롯한 일본의 학자들은 일찍이 19C 독일 법학자 요한 **블룬출리**(Johann Casper Bluntschli, 1808년~1881년)의 **'국가성립의 조건'**으로부터 '민족' 개념을 나름대로 정립해 온 것이다. 단재 신채호가 역사를 '아(我)와 비아(非我)의 투쟁'이라는 사회진화론적(Social Darwinism)으로 주장한 것도 제국주의에 대항하기 위한 저항의식 결집을 위해 사용한 이것 또한 량치차오(梁啓超, 양계초) 등에 영향 받아 만들어진 결과물이다.[24]

3.1독립선언문은 만민평등주의와 국민주권을 지향하며 민족개별성을 주창, 민족자결주의를 지향한 한민족의 '독립선언'이었다. 하지만 이때는 일제강점기 시대적 여건이 루소(JJ.Rousseau)의 민족(nation) 이념을 담아낼 그릇(국민,영토,주권)이 없었다. 1948년 5월 10일 한반도 역사상 처음 치러진 국민투표로 이룩한 대한민국의 건국은 자유민주주의 체제를 선택했던 혁명적 사건이었다. 조선시대 왕의 '백성'에서, 일제강점기의 '신민'이 아닌 개인의 자유와 권리를 가진 주권을 가진 국민으로 탄생한 자유민주주의체제로서 'nation'적인 대한민국의 출발이었다. 비로소 루소(JJ.Rousseau)의 민족(nation) 이념을 담아낼 그릇(국민, 영토, 주권)이 만들어 졌던

23) 권순철, 『민족주의란』-낭만적민족주의 비판-, (도서출판 선인, 2018), pp. 34-35.
24) 권순철, 『민족주의란』-낭만적민족주의 비판-, (도서출판 선인, 2018), pp. 78-80

것이다. 하지만 건국초기 정부 주도의 국가적민족주의는 국민적 통합을 위해 민족 단일성을 지향한 혈통적·종족적 민족주의였고, 박정희시대 '조국근대화'를 위한 '민족경제지향적 민족주의'는 오직 국가경제발전을 위해 동원된 이데올로기로 활용되었다. 국가중심의 민족주의는 개인의 자유와 평등 이념이 자리 잡을 nation(민족)적 생태계 형성을 한동안 제한시켰던 것이다.

80년대 후반 민족주의 담론은 '민족통일'의 유기체적 **운동권민족주의**는 미·일 경제에 예속을 비판하고 운동권의 반미자주화 주창, 북한을 동족(종족적민족주의, ethnic nationalism)으로 인식한 유기체적 민족통일이 강조되면서 한국민족주의는 개인주의를 결여한 민중적 민족주의 확산으로 민족주의 헤게모니가 옮겨가면서 nation적 '민족'이념이 온전히 자리잡을 수가 없었다. 한국민족주의 가장 큰 특징은 '혈통'에 바탕 둔 '종족적민족주의'로서 한국인 70%이상이 "핏줄"을 가장 중요한 기준으로 인식하고 있어 다분히 혈연 중심적이다. 종족적 동질성에 대한 감성은 '사회적 개인'으로서의 자유주의적 민족주의 와 양립이 곤란한 상태를 만든다.

'nation'적 민족은 생물학적 개념인 종족과 완전히 다른 것이다. **'nation'(민족)**은 근대국가의 통치명분이며, 인적 구성체로서 정치적 의미를 갖는 것이며 인간의 보편적 자유와 평등에 대한 이성적 믿음의 결과 자유와 평등원리에 입각한 '주권재민'원칙이 확립되어야 한다. 민족은 개인의 자유와 평등에 대한 가치 이념이 사회적으로 결합된 시민공동체이다. 종족성은 민족주의의 본질적 요소의 하나이며 근대석 의미의 민족(nation) 은 문화적, 종족적 관념의 기반 위에서 주권적 개인의 자유로운 선택과 동의에 의해 탄생 한 것이다. '민족'이란 단어가 처음 유입될 때 '국민'이란 단어로 전해졌더라면 좋았을 텐데 동족, 동포 등에 종족적, 문화적, 집단적 의미를 내포한 **volk의 낭만적 관념이 '민족'**으로 번역되어 들어옴으로써 빚어진 혼란이 사라지지 않고 있는 것이다.

3) 북한의 낭만적 민족주의

원래 공산권에서는 민족주의 자체를 받아들이지 않았다. K-Marx가 "민족주의는 부르조아 자본주의와 함께 사라질 것이다"라고 하면서 **민족주의 자체를 부정**했기 때문이다. 단지 공산권 민족이데올로기의 뼈대를 완성시킨 스탈린에 의해 체제통합을 위한 이데올로기로 잠시 이용되었을 뿐이다. 스탈린 민족주의는 "민족은 심리적 성격 및 언어, 지역, 경제생활의 공통성에 기초하여 이루어진, 역사적으로 형성된 안정적인 공동체"라고 하여 유물론적 민족관으로 범슬라브계의 종족적 결속을 다지기 위해 이용되었다. 초기엔 북한도 민족주의에 대한 거부적 시각에서 출발하였다. "민족주의는 인민들의 친선관계를 파괴하고, 민족적 리익과 근로자들의 계급적 리익에도 배치된다."고 주장하였고 1957년 김일성 자신도 "민족보다 계급이 우선이다."라고 하여 민족개념 자체를 부정했었다.

그러던 북한이 1970-80년대 민족주의 개념을 스탈린을 떠나 주체사상에 통합시켰다. "민족은 자주성을 위한 투쟁 과정에서 핏줄과 언어, 문화와 령토의 공통성에 기초하여 결합된 공고한 사회적 집단"이라고 주장하면서 핏줄과 언어를 강조하였다. 혈연적민족주의를 북한 특유의 민족개념으로 정립한 '지배이데올로기'로서 낭만적(종족적)민족 관념이 자리잡은 것이다. 1986.7월 김정일이 '조선민족제일주의'를 주창하면서 민족주의에 대한 일대 인식의 전환을 가져온다. 김일성도 1991년 담화문에서 "나는 공산주의자인 동시에 민족주의자이고 국제주의자이다", "민족이 있고서야 계급이 있고, 민족 리익이 보장되어야 계급 리익이 보장된다."라고 하여 '민족' 인식에 대해 부정했던 자신의 말을 완전히 바꾼다. '**조선민족제일주의**'는 당시 소련, 동구 공산권 체제 몰락의 바람을 차단하기 위한 궁여지책이었다.25)

민족주의에 대한 시각의 변화는 주체사상을 포장한 외피로서 '우리민족끼리'를 사용하게된다. 민족의 '자주성'은 주체사상의 핵심 테제로서 북한의 민족관은 '**주체민족관**'에 근거하게 됨으로써 민족주의가 주체사상의 하위개념화 되어버렸다. 이에 더해 북한은 6.15 남북정상회담 공동선언문 제1항에 "남과 북은 '**우리민족끼리**' 힘을 합쳐 모든 문제를 자주적으로 해결해 나가기로 하였다."라고 하여 '우리민족끼리'라는 용어를 남북정상선언문에 올리게 되었고, '우리민족끼리' '이데올로기'를 남한 내 통일전선의 수단으로 활용할 수 있는 토대를 마련하게 되었다. 경제적 위기를 극복하고 체제붕괴의 위기를 모면하면서 당시 '악의 축'이라는 미국의 대북강경책을 견제하기 위해 '같은 민족끼리'라는 **반외세 민족공조** 이념을 부각시키고자 하였다. 더욱이 2010. 9월 제3차 노동자대회에서 '**우리민족끼리'가 통일전선의 핵심 테제임을 대외에 공식선언**함으로써 반미자주화 민족공조와 반정부 민주화 투쟁과 남남갈등을 유발하고 남한 내 동조혁명역량을 확보하고자 하는 전략을 노골화 하였다.

남한은 북한이 '민족이데올로기'를 통일전선에 이용해서 자행되고 있는 '우리민족끼리', '민족공조' 전략에 대한 냉철한 판단과 합리적 대응이 부족했다. 북한헌법 제63조에는 '전체는 하나다, 하나

---

25) 권순철, 『민족주의란』-낭만적민족주의 비판-, (도서출판 선인, 2018), pp. 222-225.

는 전체를 위하여' 라고 집단적 민중의식을 정당화하고 있다. 북한은 전체주의체제로서 대한민국의 자유민주주의 체제와는 완전히 다른 체제이다. '우리는 하나다', '우리민족끼리'라고 하는 거짓과 기만의 수단에 현혹되지 않아야 한다. 낭만적(종족적)민족주의의 끝은 인류 최악의 폐악을 낳았던 제2차세계대전을 일으킨 나치즘이나 파시즘, 김일성전체주의 등으로 귀결되었다. 관용없는 보편주의 위험성이 세계적 차원의 전제정치-전체주의와 연계된 위협으로 나타날 수 있음을 인식하고 **낭만적민족관념을 극복하기 위한 노력이 끊이지 않아야** 하고[26] 근대적 의미의 nation적 자유로운 개인의 주권적 권리가 보장된 시민적민족주의(Civic Nationalism)를 발전 시켜나가야 한다.

나. 열린민족주의-공존적국제주의

'열린 민족주의'는 자기 민족정체성을 중시하면서 다른 민족의 문화와 양식도 존중하는 것이다. 자기민족의 특수성과 인류의 보편성을 동시에 중시하면서 전 세계를 동일한 자신의 동포로 여기는 생각으로 세계시민주의 와 합리적으로 연결된다. 자민족 중심의 과잉민족주의와 잘못된 종족적 민족주의의 우월적 배타성과 편협성을 극복하고 근·현대사에 낭만적민족주의의 폐악에 대한 뼈저린 반성에 기반을 두고 **공존적 국제주의로서 열린민족주의, 시민적민족주의(Civic-nationalism)의 발전을 위해 끊임없이 노력**해야 한다. 사회적, 정치적, 경제적 활동이 국경을 넘어 확장되면서 세계 어느 한

26) 권순철, 『민족주의란』-낭만적민족주의 비판-, (도서출판 선인, 2018), pp. 226-243

지역의 사건이나 결정적 활동이 먼 지역의 개인과 공동체에까지 심대한 영향을 미치게 되는 세계화는 국경 간 연결이 그저 불규칙적이거나 무작위로 이루어지는 것이 아니라 규칙적으로 이루어짐으로써 사회·국가를 초월한 상호연결성과 상호작용성이 강화되거나 증대하게 되었다. 국가주의적 근·현대사의 반성을 토대로 공존적 '열린민족주의'로 나아갈 수 있도록 낭만적민족주의를 극복할 수 있는 공동체 패러다임의 변화를 모색해야 한다.[27)]

낭만적민족주의 이데올로기는 특정 국가의 존재를 정당화하기 위한 중요한 수단으로 사용되었다. **시민적민족주의(Civic-nationalism)**는 민족(nation)=국민(people) 이라는 민주주의 원칙과 민족자결이라는 주권에 대한 요구, 그리고 정체성을 하나로 묶어 주었다. 최근 세계화 과정에서 세계정치질서의 기반으로서 민족국가는 새로운 도전에 직면 해 있다. "국가주의적 민속주의는 당연히 위기에 빠진 민족국가를 지키기 위해 민족을 동원할 것이다. 다양한 사회집단의 비대칭적 갈등 속에서도 세계화는 민족국가의 주권을 파괴하기 보다는 이를 변화시킨다. 이런 과정에서 배타적이고 편협한 민족주의는 그 자리를 차지하기 힘들어 질 것이다."[28)]

"기억의 공동체"가 "민족의식"을 결정하는 요소라고 한 베버[29)]의

---

27) David Held, MacGrew A. eds. *Global Transformation*, 조효제 옮김, 『전 지구적 전환』 (서울: 창작과 비평사, 2004), pp. 36-37.

28) John Baylis, Steve Smith, Patricia Owens, *The Globalization of World Politics* (을유문화사, 하영선 외 옮김, 2013) pp. 504-509.

29) Max, Weber, *Economy and Society* (New York: Bedminster Press, 1968).United Nations(Human Rights Council), "Report of the Rapporteur on the Promotion and Protection of the Freedom of Opinion and Expression," Frank La Rue, p. 903. 재인용: 박영신, "범세계화 시대의 민족문제: 범세계 시민의 새로운 나라 모습", 『사회이론』, 2011. p. 12.

생각처럼 그렇게 형성된 민족정체성은 내면의 깊은 정서로 남아 양보할 수 없는 독점과 배타성을 가지게 된다. 이러한 민족의 의식세계는 혈통을 달리하는 종족을 쉽게 포용하고 받아들일 공간이 없을 것이다. 범세계화 상황에서 그것은 인간의 보편적 존엄성에서 벗어난다고 볼 수 있다. 범세계 공동체는 종족 배경과 상관없이 모두 공평하고 정당한 대우를 받아야하기 때문이다. 동등하게 의사결정에 참여하고 시민 된 권리와 책임을 나눠야 하는 것이다. 다문화 사회를 표방하면서 다른 문화와 전통을 수용하고 정치공동체 내의 같은 시민으로서의 권리가 보장되어야 함은 당연한 일이다. "범세계화 상황 앞에 역사적 수난과 함께 지켜온 '민족'은 다민족 다문화의 현실을 받아들이고 '열린민족주의'의 '공통된 민족정체성'으로 거듭날 수 있어야 한다. 그것은 벤하비브의 말처럼 "타자의 타자됨"을 인정할 수 있는 능력을 키우는데서 비롯된다"고 하겠다. 살색과 혈통은 달라도 함께 어울려 같은 시민으로서 '공동 선'을 구현하기 위해'공통된 민족정체성' 안에서 귀속감을 느끼고 공동체에 대한 애국적 동조화가 이뤄질 수 있도록 해야 한다. 곧 '열린민족주의'의 공통된 민족정체성으로부터 귀속감을 형성하고 동일한 시민으로서의 자유와 권리가 평등하게 보장되는 공화주의적 애국주의에 귀착될 수 있어야 한다. 공화적 애국주의는 강력하고 효율적으로 기능하는 국가성 회복에 기여 한다."30)

막스 베버는 국가를 "주어진 영토 안에서 합법적이고 독점적으로 물리력을 사용할 수 있도록 권리를 인정하는 인간 공동체"라고 정의하여 국가성의 본질을 강제적인 것으로 보았다. 즉 미국과 같은

30) Benhabib, Seyla, Another Cosmopolitanism (With J. Waldron/ B.Honig/ W.kymlicka) (Robert Post 엮음), (Newyork: Oxford University Press, 2008.). pp. 51-69. 재인용: 박영신, 2011. p. 24.

나라는 법과 원칙에 따라 국가권력의 행사를 집행하는 능력 면에서 매우 강력한 국가라 할 수 있다. 프랜시스 후쿠야마는 "합법성이 없는 국가는 강한 국가가 될 수 없다."라고 하면서 1990년대 한국의 "예"를 들며 정권의 정통성이 민주주의 그 자체에서 나오기 때문에 합법성의 유일한 원천은 민주주의뿐임을 강조하였다. 공화적 애국주의나 열린민족주의도 자유민주주의에 뿌리를 두고 있다. 따라서 열린민족주의는 자유민주주의의 기반위에 다원화된 사회의 협력적 결집을 통해 국가가 해야 하는 것을 국가가 할 수 있도록 노력을 결집시켜 줌으로써 글로벌시대 '강한국가'로서 세계 질서 유지에 공존적으로 기여할 수 있을 것이다.[31)]

2. 세계시민주의-공존적 국제주의

세계시민주의는 개인들이 민족이나 국가와 같은 특정한 공동체적 기반을 뛰어넘어 세계시민으로서의 보편적 삶을 살아 갈 것을 요구한다. 특정한 민족이나 국가에 속한 시민으로서가 아니라, 세계 속의 시민으로서 인류의 보편적 가치를 추구하는 삶을 살아야 한다는 것이다. 근대 계몽주의자 몽테스키외(M. Montesquieu)는 "나는 한 프랑스인이기 이전에 한 인간이기 때문이며, 그저 내가 우연히 한 프랑스인이기 이전에 필연적으로 한 인간이기 때문이다"[32)]라고 하여 세계시민주의 이념을 적극적으로 수용하여 인류 전체에 우선

---

31) 프랜시스 후쿠야마, 『강한국가(State Building)의 조건』 (서울: 도서출판 황금가지, 2005), pp. 21-44.

32) M. Montesquieu, *Mes pensees, in Oeuvres completes,* ed. R. Chaillois (Paris : Gallimard, 1949), nos. 10, 11, pp. 980-981(M.Sandel, 『공동체주의와 공공성』, 김선욱 외 옮김, 2008, p. 123에서 재인용.

적 관심을 가져야 할 세계시민주의 정신을 보여주었다. 나보다는 가족의 이익이, 가족보다는 국가의 이익을 우선시하며, 국가의 이익보다는 인류전체의 이익을 우선시해야 하는 이유를 얘기한다. 우리는 특정 공동체에 소속된 구성원이기 이전에 한 인간이기 때문에 특정한 공동체에 대한 관심이전에 인류 전체에 우선적인 관심을 기울일 수 있는 세계시민이 되어야 한다는 것이다.

"'세계시민주의'는 가장 중요한 동심원이 인류전체이며 인류전체나 보편적인 가치에 대한 충성이 최우선이라고 본다. 세계시민주의는 국가나 국민을 넘어서 전 세계 인류에 대한 보편적인 도덕적 의무와 책임이 존재한다는 점을 생각한다. 모든 인간은 동등한 가치를 지니고 있어 출신 지역이나 국가에 따라 차별 대우를 받지 않고 '세계시민'으로서 동등한 대우를 받아야 한다는 것이 세계시민주의의 핵심이념이다. 세계시민주의는 보편주의 관점에서 인권과 같은 보편적인 기본 권리와 더불어 모든 인간에 대한 사랑을 중시한다. 세계시민주의는 보편주의 관점과 박애주의 또는 인류애의 관점을 모두 가지고 있다."[33]

세계시민은 국가나 국민을 넘어서서 세계 인류에 대한 보편적 의무와 책임이 존재함을 인식하고, 모든 인간은 '세계시민'으로서 동등한 대우를 받아야 한다는 것에 공감한다. 세계시민의식(주의)의 특성은 '보편성'이며 지구적 문제에 대한 공통적 관심과 특수성을 초월한 인류보편성을 강조한다. 세계시민주의는 특정한 공동체적 기반을 넘어 보편적인 삶을 살 것을 요구한다. 세계시민성은 다원성(多元性, plurality), 개방성(開放性,openness), 연대성(連帶性, solidarity)

---

33) 김지현, 손칠성 "세계시민주의, 공동체주의, 자유주의" 「시대와 철학 2009 제20권 2호」 2009, pp. 93-94.

을 가지며 세계시민주의가 말하고 있는 것은 세계화 시대를 살아가는 시민으로서 갖추어야 할 윤리 의식과 보편적이고 차별 없는 사회적 평등과 경제적 평등이 이루어져 전 세계적인 공동이익을 창출할 수 있어야 한다.

건전한 세계시민으로서 민족, 민족주의에 대한 합리적인 개념을 정립하고 우리의 민족적 정체성을 확립하면서 종족적 낭만민족주의(romantic nationalism)관념을 극복하고 이성적 공동체 의식에 바탕을 둔 시민적민족주의(civic nationalism)를 지향해야 한다. 자연적, 역사적, 문화적으로 생성된 종족적민족(volkstum)과 개인의 주권적 권리가 보장된 공동체인 정치적 민족(nation)과는 혼돈하지 말아야 한다. 「민족」은 사회적·정치적인 산물로서 정치명분으로서의 민족주의에 관련된 주관적 집단이다. 혈통과 언어, 문화를 강조하는 종족적 민족관념이 민주주의를 위기에 빠뜨린다는 사실을 인식 낭만적 민족 관념을 극복하고 자유민주주의의 내면화가 어느 때 보다 필요함을 각성해야 한다.

연구 및 토의 방향

❑ 열린민족주의, 세계시민주의

* 민족·민족주의에 대한 근대적 개념을 정립, 열린민족주의(시민적 민족주의)로의 발전 방안을 연구 및 토의

- 민족, 민족주의란?

▪ 낭만적민족주의(romantic nationalism)의 문제점(사례) 분석/토의

· 북한, 독일(히틀러)

▪ 시민적민족주의(civic nationalism)의 발전 방안 제시

· 자유민주주의 체제의 정착 - 열린민족주의

* 민족, 민족주의에 대한 사상가들의 명언들을 분석한다.

▪ 베네딕트 엔더슨의 '민족'은 주권적인 것으로 상상되는 '상상의 공동체'

▪ 르낭 - '민족의 존재는 매일매일의 국민투표다'

▪ 시이에스 - '민족'이란 법률적 국가 구성원 전체, 국민

▪ 홉스 봄 - '민족'이란 보편적 인권 개념과 직접연관 민주주의를 기반으로 함

· 루소 - 사회계약론(주권론) - 'nation'(민족)

제 2 장
세계 위험사회의 도전
- 나의 경계를 넘어 도전의 세계로

"청춘은 다시 돌아오지 않고
새벽은 하루에 한 번뿐이다."

-도연명-

프랑스 북동부 베르됭에서 벌어진 전투는 제1차 세계대전 최악의 전투 중 하나로 꼽힌다. 독일군은 처음부터 베르됭을 차지하기 위해 대량 살상을 계획하고 엄청난 포격으로 프랑스군을 몰아붙였다. 하지만 프랑스군도 전력을 다해 저항했다. 사상자만 60만~70만명이 나왔다. 8개월간 쏟아진 포탄만 6,000만발 /AFP

08 글로벌 전쟁과 테러

『지구상의 전쟁과 테러는 평화에 대한 위협이다. 평화와 글로벌 시민의식은 서로 얽혀있다. 평화는 글로벌 시민의식의 전제조건이다. 그러나 전쟁의 조짐이 보일 때 글로벌 시민의식을 얘기하기는 어려운 측면이 있다. 전쟁은 역사의 흥망성쇄와 함께 해왔다. 국가나 집단은 대량살상무기를 사용해서는 안 된다는 사실과 함께 평화와 비폭력 운동에 대해 생각해보고 연구 및 토의를 실시한다. 전쟁과 테러에 대한 실상을 분석하고 '평화'를 사랑하는 세계시민으로서 인류보편적 가치인 '**평화**'와 연계성 있는 사고와 연구가 요구된다.』

* 전쟁과 테러의 본질에 대한 탐색과 연구를 통해 대량살상으로부터 인간이 보호받기 위해서는 평화를 지키고자 하는 활동의 필요성을 공감할 수 있어야 한다.

1. 글로벌 전쟁

인류의 역사는 전쟁과 함께 해왔다. 전쟁은 인간사회의 인위적 현상으로 인간역사의 주류를 형성하면서 집단의 존폐와 존재양상을 결정하는 가장 영향력 있는 요인으로 작용했다. 인간집단 간 상호관계 속에서 파괴, 변화, 창조의 기능적 역할을 해온 것으로 볼 수 있다. 앨빈 토플러는 「전쟁과 반전쟁」에서 전쟁의 일상화를 얘기했다. “오직 죽은자만이 전쟁을 더 이상 경험하지 않을 수 있을 것이다”[34], “죽은 자 외에는 전쟁에서 벗어날 수 없다(Only the Dead)”[35] 라고 한 학자들의 주장을 굳이 생각하지 않더라도 끊임없는 전쟁의 원인은 인간의 공격본능에 의한 것으로 불완전한 인간의 역량을 생각할 때 “항구적 평화 구축은 요원하다.”[36]고 생각할 수 있다. 전쟁은 불가피하게도 인간의 삶과 함께 공존할 수밖에 없지 않는가?

가. 전쟁의 본질

프로이센의 군사사상가 클라우제비츠[37]의 「전쟁론」은 전쟁의 본질을 꿰뚫어 정의한 전쟁이론의 바이블이다. 그는 "전쟁이란 상대에게 우리의 의지를 강요하기 위해 폭력을 사용하는 행위"라고 전쟁의 본질을 일종의 폭력행위로 정의하였다. 전쟁이란 정치적 목적을 달성하기 위해 나의 의지를 상대방이 수용토록 강요하는 하나의 수단에 불과하다.

“전쟁은 다른 수단에 의한 정치의 연속이다.”라고 하여 전쟁은 정치적 목적달성을 위한 하나의 수단이라는 ‘수단적 전쟁론’을 주장하였다. 전쟁도 하나의 정치적 행위에 불과할 뿐이며 단지 폭력을 사용한다는 것이다. 전쟁의 목표는 정치적 목적 달성에 있으며 명분상

34) George Santayana
35) 국제정치학자 베어브로멜
36) 동물학자 로렌츠
37) Carl Phillip Gottlieb von Clausewitz(카를 폰 클라우제비츠, 1780년 7월 1일 ~ 1831년 11월 16일)는 프로이센 왕국의 군인이자 군사 사상가. 1832년 《전쟁론》의 저자

으로는 보다 '더 나은 조건의 평화'를 추구한다.

국제정치학에서의 전쟁은 "정치적 행위자들이 서로에게 가하는 조직화된 폭력이다 ① 전쟁은 집단화된 폭력이다. ② 전쟁은 조직화된 폭력이다.

③ 전쟁은 정치적 폭력이다."라고 했다.[38] 국제정치적 전쟁의 기준은 "국제전이란 국가적 실체들 간에 수행되는 군사 분쟁으로, 여기에는 적어도 하나의 실체가 국가여야 하며, 그 결과로 적어도 1,000명 이상의 전사자가 발생해야 한다." "군사적 충돌에서 1,000명 이상 사망자 발생시 '전쟁'으로 이하일 경우 '분쟁'으로 분류"한다고 일부 학자들에 의해 주장되고 있다.[39]

나. 전쟁의 원인

전쟁은 국제정치적 현상으로 볼 수 있다. 국제정치에 중앙정부가 존재하지 않는 무정부적 아나키 상태(anarchy)임을 고려하면 국제정치적 현상을 통해 전쟁의 원인을 이해할 수 있을 것이다. 케네쓰 월츠는 전쟁의 원인을 국제체제의 무정부성이 가장 큰 원인으로 지목했다.[40] "무정부 상태에서의 생존 경쟁이 "인간, 국가, 전쟁"에서 말한 것처럼 궁극적으로 전쟁이 사라지지 않는 원인이기는 해도, 반드시 전쟁이라는 결과를 초래하는 것은 아니다. 왜냐하면 개별 국가의 안보 추구 행위는 그 의도와 관계없이 거의 자동적으로 세력균형(balance of power)을 이끌어내 국제체제의 안정성을 창출하기

38) 불(Hedley Bull, 옥스퍼드大 교수)
39) 브리머(Stuart Bremer), 싱어(David Singer) 와 스몰(Melvin Small)
40) Kenneth Neal Waltz(1924.6.8~2013.5.12), 미국의 국제정치학자. 신현실주의(neorealism)의 아버지

때문이다. 그러나 국제체제의 성격에 따라 이러한 안정성, 바꿔 말하자면 전쟁 가능성은 큰 차이를 보인다. 이 때문에 국제체제의 구조가 국제정치를 이해하는 데 핵심적인 것이다. 그렇다면 전쟁은 어떤 경우에 더 발발 가능성이 높을까? 국제체제의 안정성은 '극성(polarity)', 곧 체제 내 강대국의 숫자에 따라 좌우되는데, 월츠는 체제 내에 단 두 개의 강대국만이 존재하는 단순한 양극체제가 셋 이상의 강대국으로 이루어지는 복잡한 다극체제보다 안정적이라고 주장했다."41)

국가와 국가 사이의 무력에 의한 싸움. 인간사회에 발생하는 다양한 폭력적 충돌 속에서 전쟁을 구별하는 경우 적어도 당사자의 일방은 국가이며 전투가 조직적이고 지속적으로 전개되고 있는 것을 기준으로 하는 것이 일반적이다. 즉, 전쟁의 주체는 기본적으로는 국가이며, 전쟁의 특수한 형태인 내전도 정권 탈취를 노리는 여러 집단이 서로 경쟁하면서 공권력과 대치하는 이상 국가는 역시 전투의 중심축을 이루고 있다. 전쟁이란 국가의, 국가에 의한, 국가를 위한 무력 대립을 특징으로 하는 폭력의 발현 형태라고 할 수 있다.

"전쟁은 필요악이다. 그러나 전쟁이라는 수단을 거부한 자는 자신의 운명이 어느 순간 그렇지 않은 자의 손아귀에 들어가 있게 됐다는 사실을 알게 될 것이다"

-마이클 하워드 '전쟁과 평화의 연구'-

41) Google-케네스 월츠 – 나무위키:대문https://namu.wiki › 케네스 월츠

2. 글로벌 테러

테러란 특정목적을 가진 개인 또는 단체가 살인, 납치, 유괴, 저격, 약탈 등 조직적이고 지속적인 폭력을 사용하거나 폭력의 사용을 협박함으로써 특정 개인이나 단체 또는 공동체, 정부 등의 인식 변화와 정책의 변화를 유도할 목적으로 자행되는 상징적이며 심리적인 폭력행위를 총칭한다. 테러의 유형으로는 사상적, 정치적 목적달성을 위한 테러와 뚜렷한 목적 없이 불특정 다수와 무고한 시민까지 공격하는 맹목적인 테러로 구분할 수 있는데 테러의 가장 큰 문제는 아무런 죄 없고 무고한 시민들의 희생이 이루어진다는데 있다.

많은 군인, 경찰들의 사망 혹은 부상을 초래하고 주요 산업 시설, 발전소 등의 파괴로 방사능과 같은 치명적 물질 유출로 인한 큰 피해와 경제적 혼란을 야기시길 수 있다.

테러(Terror)는 특정목적을 가진 개인 또는 단체가 살인, 납치, 유괴, 저격, 약탈 등 다양한 방법의 폭력을 행사하여 사회적 공포상태를 일으킨다. 테러의 유형으로는 사상적, 정치적 목적달성을 위한 테러와 뚜렷한 목적없이 불특정 다수와 무고한 시민까지 공격하는 맹목적인 테러로 구분할 수 있다.42)

다양한 형태의 테러가 일어나고 있는 글로벌 세상, 과거 미국의 소위 9·11테러 사건은 2001년 9월 11일 미국의 세계무역센터 쌍둥이빌딩이 괴한에게 납치된 여객기 2대와 연속 자살 충돌하면서 건물이 모두 무너져 내리고, 약 5,000여명의 희생자가 발생했던 사건이다. 이때 부시 대통령은 유력한 용의자로 오사마 빈 라덴(사우디아라비아 출신)을 지목하고 '테러와의 전쟁'이란 명목으로 그를

---

42) 이태규, 「군사용어사전」, (2012. 5. 10, 일월서각)

비호해준 아프가니스탄 탈레반 정권을 무력으로 그 과정에 많은 희생자와 난민이 발생하였다. 범인들은 거의 아랍(이슬람) 출신으로 추정되었던 사건으로 온 세계가 경악에 빠졌던 사건이다. 형태만 달라진 전쟁 테러·사이버전은 현재도 진행형이다. 국제사회는 테러방지법을 9.11 테러 발생 2주 후 UN안보리 결의안 1373호로 결의하여 통과시켰고 우리나라도 2016년 3월 2일 국회를 통과했다. 테러를 방지하기 위해선 무엇보다 국제협력의 강화와 국제법적 노력이 요구되며 테러에 대한 정치, 경제적 제재 조치와 더불어 정보수집 활동 및 공조체제유지가 필수적이다. 사전 테러를 차단하거나 테러범을 검거하거나 국내적으로 테러방지법의 입법 및 정비와 테러전담 조직의 강화가 필요한데 이러한 노력과 더불어 테러의 원칙적 근절 방안을 강구하기 위한 문명간 대화를 포함하여 공동체간의 연대성을 강화해야 한다.

화염에 휩싸인 세계무역센터 빌딩

테러 또 하나의 전쟁 - 2001년 9월 11일에 일어난 미국의 9.11 테러 사건-부시 대통령은 유력한 용의자로 오사마 빈 라덴(사우디아라비아 출신)을 지목하고 '테러와의 전쟁'이란 명목으로 그를 비호해준 아프가니스탄 탈레반 정권을 무력으로 공격하여 무너뜨리고, 그 과정에 많은 희생자와 난민이 발생하였다. 범인 대부분이 아랍(이슬람) 출신으로 추정되었던 사건

연구 및 토의 방향

❑ 글로벌 전쟁과 테러

* 전쟁이란? 전쟁의 본질을 이해한다.
* 전쟁의 원인과 결과에 대한 탐색과 연구(전쟁사례 연구) 및 토의
* 테러의 원인과 현실태(사례연구) 분석 대응방안을 토의

09 인류보편적 가치 '평화'(PEACE)

『인류의 보편적 가치로서 '평화(PEACE)'에 대한 개념을 정립하고 국내·외적으로 국제사회의 평화유지활동에 대한 사례와 '평화'를 파괴하거나 유린했던 제반 사례들을 찾아서 평화를 지키기 위한 생각을 정립하여 발표 및 토의를 실시한다. 국제적 혹은 국내적 제반 사회에 나타나는 현상들 중에 '평화'의 파괴자, 혹은 '평화'의 수호자로서의 역사적 활동을 찾아 국제질서에서의 '평화'의 소중함을 공유하고 평화를 지키기 위한 방안이 무엇인지 구체적인 우리의 역할과 책임을 인식한다.』

1. 평화(Peace)

가. 평화의 상태는 인류가 지향하는 가장 이상적인 목표

평화란 전쟁이 없는 상태, 직접적 또는 물리적 폭력이 존재하지 않는 상태, 즉 '정치적 단위간의 대립적 폭력형태가 어느 정도 지속적으로 정지되고 있는 상태'를 말한다.[43] 인류의 역사가 전쟁의 역사였다고 하듯이 평화란 전쟁과 전쟁 사이에 존재한다. 언제 닥칠지 모르는 전쟁에 대비하는 기간이 평화인 것이다. 항상 긴장 상태가

43) 레이몽 아롱(Raymond Aron, 프랑스 정치사상가, 1905-1983)

지속되어야 한다. 인류는 역사상 총 1만 4,400여회의 전쟁으로 35억 명 정도가 희생되었다고 한다. 모두 자신에게 '보다 유리한 평화'를 구축하기 위해 전쟁을 적극적 수단으로 활용 한다. 레이몽 아롱(Raymond Aron)의 평화는 결과적으로 '잠정적인 전쟁부재의 상태'를 의미하는데 R.아롱은 평화를 세력균형에 의한 평화와 압도적 힘의 우위를 바탕으로 한 패권에 의한 평화 혹은 제국에 의한 평화로 분류하였다. 결과적으로 평화는 힘의 균형이 와해되었을 때 매우 '망가지기 쉬운 상태'임을 알 수 있고 평화를 확보하고 유지하기 위해서는 평화를 지키기 위한 실천적인 힘과 의지가 절대적으로 필요함을 인식할 수 있다.

2022년 2월 25일 푸틴 러시아는 우크라이나를 침공하여 9시간 만에 수도 키이우를 포위했다. 우크라이나 대통령은 침략자에게 "우리는 평화를 원한다."라고 마지막까지 읍소하며 평화협상을 요구했지만 '힘없는 평화'는 결코 국민을 지킬 수 없었다. 우크라이나 전쟁 발발과정을 보면서 "평화는 저절로 오지 않는다. 공짜가 아니다"라는 말을 생각해보자.

나. "평화는 공짜가 아니다."

우리는 제2차세계대전 발발 전 영국총리였던 체임벌린(1869-1940)의 유화정책(Appeasement)을 한번 뒤돌아 볼 수 있다. 히틀러에게 굴욕적인 양보를 했던 뮌헨 평화협정**(1938.9.30.)을 마치고** 체임벌린은 '**이것이 우리시대의 평화**'라고 외쳤지만 이때 윈스턴 처칠은 '전체주의자에게 평화를 구걸한 뮌헨협정은 휴지조각과 같다'고 주장하였다. 히틀러는 군사력을 강화해 평화협정의 잉크도 채 마르기 전에 폴란드를 침공하여 전쟁을 일으켰다. 외쳤던 '우리시대의 평화'는 산산 조각이 났다. 강대국들의 평화협정도 인류 최악의 제2차세계대전을 일으킨 히틀러의 전체주의적 야심을 막지 못했다. 1939년 9월 히틀러가 폴란드를 침공하고 1940년 전시 내각의 총리가 된 처칠은 '피와 땀과 눈물'의 리더십을 주창하며 '약자는 평화를 누릴 자격이 없다'는 역사와 국제정치의 현실을 호소하였다. 처칠은 '**평화는 강자의 특권**'임을 일갈하였다.

처칠 자신도 실패를 거듭하던 인생이 있었고, 높은 관직에 올랐지만 여러가지 착오와 실패도 했고, 하지만 그의 삶에서 분명 빛나던 순간도 많았다. 노벨상을 받고, 그림을 그리고 했던 것은 개인의 영예이고, 취미지만, 제2차 세계대전 초기 성공적인 '덩케르크 철수작전'과 더불어 '굴복이 아닌 전쟁불사'의 결단은 세계 역사를 바꾼 중요한 업적이었다. 우린 지금 결과론적인 역사를 보며 2차대전이 연합군의 '당연한 승리'로 복기하고 있지만, 처칠의 결단이 없었다면 히틀러가 유럽을 장악했을 수도 있었다는 것이 당시의 상황이었다. 전쟁에서 진 나라는 다시 일어설 수 있지만 무릎을 꿇고 굴복한 나라는 다시 일어설 수 없다. '성공도 실패도 영원하지 않다. 중요한 건 굴복하지 않는 용기다.'44)

44) 다키스트 아워(Darkest Hour 2017년) 윈스턴 처칠의 역사적 결단, 윈스턴 처칠(1874~1965, 영국총리)

"평화를 바라거든 전쟁에 대비하라"

– Vegetius –

"평화는 강자의 특권이다."

"감사는 고결한 영혼의 얼굴이다."

–제퍼슨–

연구 및 토의 방향

❑ 인류보편적 가치 '평화'

* '평화'란? 평화의 개념
* 평화를 지키기 위한 생각 연구(사례연구) 및 토의
  - 어떻게 지킬 것인가?

10 글로벌 재난·재해

『전 지구적 문제로 대두되고 있는 재난·재해에 대한 사례와 환경문제를 찾아보고 세계시민으로서 그것을 극복하고 더불어 살아 갈 수 있는 방안에 대해 연구 및 토의를 진행한다. 초국가적 재난재해 상황을 분석하고 세계시민으로서의 자세와 태도를 갖추기 위한 인성과 품성을 증진시킨다.』

1. 재난·재해

"**재난(災難, disaster)**"이란 국민의 생명 · 신체 · 재산과 국가에 피해를 주거나 줄 수 있는 것으로서 자연재난과 사회재난으로 구분할 수 있다. **자연재난**은 자연적으로 발생한 재난으로 기상적인 요인에 의해 발생하는 기상재해와 지진이나 화산활동으로 인한 지질재해 등을 포함하는데 태풍, 홍수, 호우(豪雨), 강풍, 풍랑, 해일(海溢), 대설, 한파, 낙뢰, 가뭄, 폭염, 지진, 황사(黃砂), 조류(藻類) 대발생, 조수(潮水), 화산활동, 소행성 · 유성체 등 자연우주물체의 추락 · 충돌, 그 밖에 이에 준하는 자연현상으로 인하여 발생하는 재해를 말한다. **사회재난**은 부주의나 고의, 기술상의 문제, 국가기반체계의 마비 등 사회 환경의 변화로 발생해 사회에 심각한 위협을 주는 재난이다. 화재 · 붕괴 · 폭발 · 교통사고(항공사고 및 해상사고 포함) ·

화생방사고 · 환경오염사고 등으로 인하여 발생하는 대통령령으로 정하는 규모 이상의 피해와 국가핵심기반의 마비, 「감염병의 예방 및 관리에 관한 법률」에 따른 감염병 또는 「가축전염병예방법」에 따른 가축전염병의 확산, 「미세먼지 저감 및 관리에 관한 특별법」에 따른 미세먼지 등으로 인한 피해를 말한다.(재난 및 안전관리 기본법 제3조(정의))

재난(disaster)이란 별의 불길한 모습을 상징하는 라틴어에서 유래하는 말로서 불일치(dis)와 행성(aster)이라는 의미의 단어가 합쳐져 만들어진 용어이다. 일반적으로 재난은 국민의 생명·신체 및 재산과 국가에 피해를 주거나 나쁜 영향을 줄 수 있는 것으로 통제가 불가능한 것을 일컫는다. 우리나라에서 발생했던 사회재난의 주요사례로는 성수대교 붕괴사고, 삼풍백화점 붕괴사고, 대구 지하철 화재사고, 서해대교 연쇄 추돌사고, 세월호 침몰사고, 메르스/코로나(COVID-19) 사태 등이 있다.

"**재해(disaster, 災害)**"라 함은 태풍, 홍수, 호우, 폭풍, 해일, 폭설, 가뭄 또는 지진(지진해일을 포함한다) 기타 이에 준 하는 자연현상으로 인하여 발생하는 피해를 말한다.(자연재해대책법 제2조(정의))

재해(disaster, 災害)는 자연현상 또는 인위적인 사고가 원인이 되어 발생하는 사회적·경제적 피해로서 통상 그 피해가 어느 정도의 규모에 도달하였을 경우를 가리킨다. 자연현상에 의한 재해 원인으로 폭풍·호우·폭설·홍수·해일·지진 등이 있으며, 그 밖의 재해 원인으로는 화재 폭발, 방사성물질의 누출, 자동차사고, 선박의 침몰, 항공기의 조난 등이 있다. 장기간에 걸친 집적(集積)에 의한 폐해가 현저한 대기나 수질오염 등을 일컫는 공해와는 재해가 돌발적이라

는 점에서 엄연히 구별된다.45)

현대사회는 산업화와 기술의 급속한 발달로 경제, 사회, 문화의 환경이 급속하게 변하면서 새로운 유형의 인적, 사회적 재난이 증가하고 있다. 급속한 도시 확산에 따른 난개발과 도시 규모의 확대로 재난에 대한 방어망이 약해지고, 재난 발생 시 대규모 사상자와 경제 손실이 동반되는 대형 참사로 연결될 가능성이 점점 커지고 있는 것이다. 그뿐만 아니라 기후 변화로 인한 불규칙적인 이상기후 현상의 출현으로 과거 예측 가능했던 재난이 예측 불가능한 재난으로 변하는 양상 또한 보이고 있다. 또한 고령화, 도시화, 양극화의 진행으로 사회구조가 급격히 변화하면서 재난 취약성이 날로 증가하고 있다. 나아가 기후와 환경의 변화 그리고 자원 고갈 등으로 지구 전체가 다양한 위험에 노출되어 있고, 국제사회 교류 활성화로 구제역, 조류독감, 에볼라 바이러스, 지카 바이러스, 코로나(COVID-19)와 같은 위험 상황이 국경을 초월해 전 세계로 확산되고 있는 실정이다. 이런 국제사회 환경 변화로 여러 형태의 재난이 동시에 발생하는 복합 재난의 발생 빈도가 증가하고 있으며, 재난의 규모 역시 대형화, 다양화하는 현상이 발생하고 있다. 대형화, 다양화한 복합 재난의 발생 증가는 인적, 물적 피해뿐만 아니라 사회와 경제 전반에 심각한 영향을 미치고 있다.46)

이처럼 국내적으로 발생하는 재난상황은 글로벌 세계에서도 유사한 형태로 끊임없이 발생하고 있다. 재난·재해의 유형별 특성과 배경지식을 통해서 문제점들을 분석하는 것은 재난·재해에 효과적으로 대응하기 위한 전략을 수립하고 지구적으로 대응하기 위한 준비

45) 경찰학사전, (2012. 11. 20), 법문사
46) 재난관리 커뮤니케이션, 2016. 09. 01. 최진봉

를 하는데 매우 중요한 일이다. 글로벌 재난·재해 사례들을 찾아보고 현장감 있는 연구와 분석을 통해 글로벌 재난·재해 상황에 효과적으로 대응할 수 있는 지식과 역량 증진을 위해 노력할 수 있어야 할 수 있도록 한다.

* UN ISDR (유엔 재해 경감 국제 전략 기구)

UN ISDR (유엔 재해 경감 국제 전략 기구)은 세계 각 나라의 재해와 재난 대비체계를 발전시키기 위해 설립된 국제기구이다. 재해가 일어나기 전 미리 안선한 도시를 만들기 위해 예빙차원의 활동을 한다. 전 세계를 대상으로 캠페인과 교육을 진행하고 있으며, 특히 재난 발생 전,후 정부를 돕거나 교육을 통해 경제적 손실을 최소화하는 데에 주력하고 있다.

UN ISDR 동북아사무소(ONEA)는 인천송도에 위치하고 있고 사무소 내에는 재해경감국제교육훈련연수원(GETI)이 함께 자리해 운영되고 있다. 2010년 8월에 문을 연 이곳은 우리나라를 포함, 중국과 일본, 몽골지역을 관할한다. 특히 GETI는 전 세계 재난경감과 예방에 초점을 맞춰 정부기관과 민간단체, 중소기업 등에서 활발한 교육을 펼치고 있다.

* 우리나라 재난·재해 관련 사이트

1. 국민안전처 http://www.mpss.go.kr/home/index.html
2. 한국재난구호 http://kdr.or.kr/2014/
3. 한국재난정보미디어포럼 http://www.kpew.or.kr/
4. 전국재해구호협회 http://relief.or.kr/

* 국·내외 재난사례

태풍 매미 (2003)

2003년 9월에 한반도에 막대한 피해를 입힌 태풍이다. 우리나라에서 기상관측을 실시한 이래 중심부 최저기압이 가장 낮은 950hPa을 기록

피해규모는 인명피해 130명(사망 117명,실종 13명),2006년 환산가격 기준으로 재산피해 4조 2225억 원이며,4,089세대 1만 975명의 이재민이 발생하였고, 주택 42만 1015동과 농경지 3만 7986ha가 침수 그밖에 도로·교량 2,278개소, 하천 2,676개소, 수리시설 2만 7547개소가 유실되거나 파괴

이탈리아 북부 볼로냐 북쪽 약 35㎞ 떨어진 피날레 에밀리아에서 규모 6.0의 지진이 발생해 공장에서 밤샘 근로 중이던 6명이 숨지고, 수십 명의 인명 피해가 발생. 특히 이날 지진으로 볼로냐, 페라라, 베로나, 만토바 등지의 역사적인 유적지들도 붕괴.

지진 다발 국가인 이탈리아는 지난 2009년엔 라퀼라에서규모 6.3 지진이 발생해 300여명 사망자와 수만 명의 이재민 발생.

2014년에 일본에서 해발 626m의 구치노에라부지마 화산이 분화한 것이, 2015년 5월 29일 또 분화. 일본 방송협회에 따르면, 구치노에라부지마 화산이 폭발하여 분화경계레벨을 5로 변경하여 지역주민 약 130명이 긴급 대피하였고, 화산연기(분연)가 9000m(9km)까지 위로 치솟았고, 폭도 2000m(2km)가량 되는 것으로 조사되었다고 발표.

2004년 12월 26일 인도네시아에서 규모 9.3의 강진이 발생한 이후 지진·해일이 덮쳐 20만 명에 가까운 사망자가 발생.

이 지진·해일은 반다아체 지역에서 40km 떨어진 지역에서 발생한 해저지진에 의해 발생한 것으로 가장 많은 인명피해를 낸 쓰나미로 기록.

"감사란 소풍가는날,
엄마가 일찍 일어나 김밥을 싸주실 때
느끼는 고마운 감정이다"

연구 및 토의 방향

❑ 글로벌 재난·재해

* 재난·재해에 대한 사례 연구
- 재난·재해 유형별 배경지식 탐색
- 지구적 재난·재해 사례 분석 및 연구·토의
  · 글로벌 재난·재해 상황에 대한 인류의 노력

제 3 장
"멀리가려면 함께가야한다"
- 나눔과 공존의 세계에서

11. 글로벌 난민문제

12. 글로벌 식량 및 빈곤 문제

13. 지구온난화 문제

14. 글로벌 에너지문제

15. 세계시민을 위한 준비- GI, 글로벌 리더-

감사는 행복의 문을 여는 열쇠이다

"행복은 감사하는 자의 것이다."

-아리스토텔레스-

11 글로벌 난민문제, 왜 목숨을 걸고 국경을 넘는가?

『전 지구적 문제에 있어서 '멀리 가려면 함께 가야한다.'는 말처럼 함께 해결 해나가야 할 '난민문제(problem of refugee)'에 대한 이해를 바탕으로 난민에 대한 글로벌 문제점을 분석해보고 대처방안에 대한 연구 및 토의를 진행한다.』

1. 난민문제 - 왜 목숨을 걸고 국경을 넘는가?

난민(refugee)이란 인종, 종교, 국적, 특정 사회집단의 구성원이 정치적·사상적 차이로 인한 박해로 인해 자신의 국적 국 밖에 있는 자로서, 국적 국의 보호를 받을 수 없거나 출신 국가로 돌아가면 박해를 받을 가능성이 있어 거주한 국가로 돌아가기를 원하지 않는 무국적자인 외국인을 뜻한다.(난민법 제2조) 인종, 종교 또는 정치적, 사상적 차이로 인한 박해를 피해 외국이나 다른 지방으로 탈출하는 사람들로서 UN은 전쟁이나 재난에 의한 곤경이나, 인종, 종교, 종족, 신분, 정치적 견해를 이유로 박해받을 우려가 있는 사람을 난민으로 규정하고 있다. 즉 난민은 국제적인 보호를 필요로 하는 사람 모두에게 평등하게 부여되어야 하는 신분이라고 하겠다.

난민의 개념은 1967년 난민의 지위에 관한 의정서와 아프리카와 라틴 아메리카의 지역 협약들에서 확대되어 생겨났다. 전쟁이나 여러 가지 형태의 폭력에 의해 원래 살던 땅을 떠나게 된 사람들을 의미하게 되었는데, 제2차 세계 대전 이후 동유럽을 떠난 대규모 피난민들에 대해 법적으로 개념을 정립하면서 공식적으로 사용하게 되었다. 국제법에서는 난민의 지위를 인정받으려는 사람을 망명 신청자라고 하고 난민 보호 업무를 맡는 주요 국제기구로는 **UN난민기구**(UNHCR)가 있다. UNHCR는 2018년 현재 **전 세계 난민의 수가 74,791,939명**이라고 했다.[47)]

난민을 인정하고 자국으로 입국을 시킬 것인지의 여부는 일반국제법상 해당국가의 자유이다. 따라서 그 국제적 보호의 필요성을 통감하여 1951년에는 난민의 지위에 관한 협약이, 또한 그 적용대상을 시간적으로 확대하기 위해 1967년에는 난민의 지위에 관한 의정서가 채택되어 난민의 추방 · 송환의 금지(농-르풀망 원칙[48)])와 난민의 법적 지위를 규정하는 등 난민의 법적 보호를 도모하였다.[49)]

난민발생의 원인으로 우선 첫 번째 원인은 전쟁이라고 할 수 있다. 전쟁난민의 대부분이 국가 간의 전쟁이나 내전이 발생하고 있는 곳에서 주로 발생한다. 아프리카와 서남아시아 중동, 북유럽 일대에서는 현재도 진행형인 곳이 있다. 다음은 인**종적, 사상적(종교적) 원인으로** 최근 시리아의 IS와 같이 종교적 문제로 테러나 전쟁을 일으키는 것은 20세기 초 부터 전 세계적으로 빈번하게 일어나고 있다.

---

47) 유엔난민기구 2018 연례보고서 (UNHCR Global Trends Report 2018) 참고
48) '농 르플망(Non-Refoulement)' 원칙은 박해받을 위험이 있는 나라로 난민을 송환해서는 안 된다는 국제법상의 강제송환 금지원칙. "'다시 밟지 않는다, 짓밟지 않는다"는 뜻의 프랑스어로 이 원칙은 1951년 7월, 스위스 제네바에서 체결되어 1954년 4월부터 발효된 "난민의 지위에 관한 조약"에 규정되어 있음.
49) 난민 [refugee, 難民, réfugié] (21세기 정치학대사전, 정치학대사전편찬위원회)

정치적 이유로 발생하는 난민은 20세기에서 부터 현재까지 각국의 이익과 이해관계가 겹쳐 수많은 정치적 난민들이 발생하기도 하였으며 또한 자국을 우선하는 정책 때문에 난민들이 다른 나라에 안착하는데 큰 어려움을 겪고 있다. 기타 생활의 곤궁과 천재지변에 의한 난민으로 태풍이나 쓰나미 같이 큰 피해를 주는 천재지변이나 나라의 경제적 붕괴 등으로 가난을 버티지 못하고 타국으로 이주해가는 경우가 많다.

온두라스 과테말라 등 중미 출신 난민들(캐러밴)이 멕시코를 거쳐 미국으로 이동하고 있다. (2018.10.28.)

한국의 난민 유입

대한민국에 유입되는 난민은 '94~2020.5월말까지 69,357명이 신청하였는데 난민신청 사유는 종교적인 문제(12,761명)와 정치적 사유(9,974명)가 많았고 특정 집단구성(5,464명), 인종(3,326명)문제, 이중국적(202명), 기타(20,059명) 등이있다. 우리나라의 난민 인정률은 경제협력개발기구(OECD) 회원국 평균(24.8%)보다 매우 낮은 편으로 한국 정부의 난민 인정률(2020년 4월 기준)은 3.6%정도이다. 최근엔 한국이 비자발급이 쉽고 난민협약에 가입되어있어 우리나라를 찾는 난민의 수는 꾸준히 증가(아랍-유럽보다 한국 선호) 아랍 이슬람권 난민신청이 급증(2020) 한바 있지만 난민으로 인정받기가 매우 어렵고 기간도 3~5년이나 소요된다. 인도적 체류허가자를 포함한 난민 보호율은 11.4% 정도 밖에 안 되고 한국의 난민 유입에 대한 국민적 여론도 찬반으로 갈리며 아직 제자리를 찾지 못한 상태다.

난민의 기본적 자유, 지위보호 확대 등을 위해 126개국이 맺은 난민 지위에 관한 난민협약에 참여해 한국은 1993년 3월 3일 발효되었다. 난민에 대한 관심을 촉구하기 위해 UN이 정한 세계 난민의 날 은 매년 6월 20일이고 유엔난민기구(UNHCR, https://www.unhcr.or.kr)는 1949년 12월 3일에 창설된 기구로 전 세계 130개국에서 활동 중인데 최초 노벨 평화상을 받은 기구로서 난민의 보호와 인권보장을 위한 국제적 환경 조성을 위해 노력하고 있다. 기타 한국 어린이들도 도움을 많이 받았던 국적, 종교 차별 없이 어린이들을 구호하는 기구인 유니세프, 가난하고 소외된 지구촌 이웃들을 위해 설립된 굿네이버스 등 난민을 위한 다양한 보호단체들이 활동하고 있다. 전 세계적인 문제로 오랫동안 대두되어온 난민문제는 결코 우리와 상관없는 문제가 아니다. 우리도 6.25전쟁 당시에 유엔난민기구의 도움을 받은바 있으며 난민은 삶의 터전뿐 아니라 자존감까지 상실하게 되고 범죄에도 쉽게 노출되며, 열악한 환경에, 음식, 각종 질병에 노출되면서 최소한의 인권도 보장이 되지 못하는 실정이다.

세계 여러 곳에서 고통 받는 난민[50] "예"

팔레스타인 난민

제2차 세계 대전 전까지 영국의 통치를 받던 팔레스타인 지역에 1948년 5월, 유태인들이 이스라엘을 건설했는데 2000여 년 동안 팔레스타인에서 살아왔던 아랍인들은 갑자기 영토를 잃게 되었다. 그리고 아랍과 이스라엘 전쟁으로 고향을 떠난 70만 명 이상의 팔레스타인 사람들이 가자, 요르단 강 서안, 시리아, 레바논 등지의 수용소에서 난민으로 생활하게 되었다.

베트남 보트 피플

베트남 전쟁(1960~1975)이 시작된 후 1970년대 초반부터 보트로 베트남을 탈출한 난민들을 말한다. 남베트남이 공산화되자 1973년부터 1988년 사이에 100여 만 명이 자유를 찾아 보트를 이용해 탈출했다. 하지만 이들을 받아 주는 나라가 없어 바다 위에서 헤매야만 했었고 식량 부족과 태풍 등 열악한 상황 속에서 생사를 달리한 경우가 많았다.

르완다 난민

1990년 르완다에서 토착 부족인 후투족과 소수 민족인 투치족 간의 종족간 갈등으로 분쟁이 발생했다. 이 종족 간 전쟁으로 총 300여 만 명의 난민이 생겨났다. 르완다 난민은 인근 국가인 우간다, 자이르로 피신했지만 극심한 식량 부족과 콜레라 등 전염병으로

---

50) 세계 여러 곳에서 고통 받은 난민, -EBS 지식채널ⓔ 제작팀

많은 사람이 죽어갔다.

시리아 내전 난민

시리아의 난민 위기는 2011년부터 시작되었다. '아랍의 봄'은 시리아 국민들에게 새로운 바람을 불어넣었고 시리아 국민들은 평화 시위를 위해 거리에 뛰쳐나왔다. 반정부 시위를 벌이기 시작했다. 정부는 강력하게 대응했다. 시위대를 향해 총을 발포했고 이 상황은 내전으로 급변했다. 현재 시리아는 아사드(알아사드) 정권, 반군, 이슬람 극단주의자가 점령하는 3개의 영토로 분열되어 있다. 내전은 현재도 계속되고 있다. 2019년 9월 기준 유엔난민기구에서 공식 집계한 시리아 내전 난민 수는 약 600만 명 전후가 된다.

이러한 난민에 대해 **국제사회**에서는 여러 가지 방법으로 **구조와 원조**에 나서고 있다. **난민문제**(problem of refugee)는 인종·종교·사상·정치적 의견을 달리하는 까닭으로 자국으로부터 박해를 받거나 또는 박해를 받을 위험에 직면해 있는 경우, 또는 전쟁으로 인하여 난민들은 자국의 보호를 받지 못하거나 보호 받기를 원하지 않고 외국으로 도피하는 사람(난민·피난민 또는 망명자)들로 인해 끊이지 않고 계속 생겨난다.

연구 및 토의 방향

❑ 글로벌 난민문제

* 난민 유형별 발생원인과 결과 연구
* 난민의 생활상과 인류보편적 가치 '인권' 등의 관점에 대한 탐색 및 토의

12 글로벌 식량 및 빈곤문제

『전 지구적 문제에 있어서 '멀리 가려면 함께 가야한다.'는 말처럼 함께 해결 해나가야 할 '글로벌 식량 및 빈곤문제(12강)'에 대한 원인과 문제점을 분석해보고 인류의 지구적 대응방안 탐색과 함께 토의를 진행한다.』

1. 글로벌 식량문제(food's problem)

글로벌 식량문제(food's problem)는 우선적으로 식량공급이 필요량 보다 부족한 것이 문제이다. 인구의 증가에 따라 식량생산이 따라가지 못해 식량부족 현상이 발생하고 있기도 하지만 전 세계적으로 식량의 절대 생산량은 인구 대비 남을 정도이지만 그 분배가 선진국에 치우쳐 있기 때문에, 선진국의 포식과 개발도상국의 기아가 함께 존재하는 것이다. 부익부, 빈익빈 양극화 속에 **세계 인구의 약 15%(약 10억 명)가 기아 문제로 고통을 겪고 있다. 굶주림에 의한 사망자 수가** 전쟁, 결핵, 에이즈에 의한 사망자 수보다 많은 것이 글로벌 현실이다. WFP(세계식량계획)는 2020년 아프리카 4개국의 기근위기 인구수가 2,000만 명에 달한다고 발표했다.[51] 수년

51) news.joins.com, 2017.3.12.,아프리카 2,000만명 아사 위기.."유엔 창설이래 최대 인도주의 위기"-중앙일보

째 이어지는 내전, 경제난에 가뭄까지 겹치면서 극심한 기근 상황이 발생한 남 수단은 인구의 40%에 달하는 490만 명 이상이, 예멘은 수년간 계속된 내전으로 경제 기반 시설은 물론 공공시설 대부분이 파괴된 상태로 1,410만 명 이상이 기근 상태 였다. **기근(飢饉)은** 한 국가의 20%가 식량을 구할 수 없고, 30%가 영양실조 상태이며, 만 명 당 2명 이상 아사할 경우에 선포한다. 최악의 식량부족 상황에 처해 있음을 알리는 기준인 것이다.

글로벌 식량부족 문제를 겪는 일부 사례를 보면

* 서아프리카의 니제르는 곤충으로 인한 작물에 큰 피해를 입었고, 가뭄과 홍수로 인해 국가 주요 농업분야에도 심각한 피해를 입어 식량위기 상황이 악화되어 : 6백만 명이 넘는 주민들이 심한 영양실조에 시달렸으며, 인접 리비아와 코트디브아르의 불안한 국가 상황 때문에 강제 귀국한 니제르 이주 노동자들이 밀려들어오면서 식량부족으로 인한 불안 상태가 더욱 심해졌던 상황.
* 말리는 1,700만 명이 식량위기에 시달리고 있음. 적은 강수량으로 인한 저조한 식량생산과 주변국의 계속된 식량수출 감소, 부족한 가축사료와 수확 전 증가한 아동 영양실조 등 식량위기가 심각한 상황이 지속되는 속에서 100%이상 급등한 식량가격은 사태를 더욱 악화시켰음.
* 짐바브웨의 무가베 대통령(37년 장기집권 종식 2017.11.21)은 소수 백인이 차지한 대규모 토지를 가난한 흑인 농민들에게 다시 분배하는 토지개혁을 단행했지만 백인에게서 몰수한 토지를 무가베의 친인척과 지지 세력, 군인, 경찰, 정치인들에게 돌아

갔으나 그들은 농사 경험이 없었기에 결국 농장은 다 버려지고, 짐바브웨 경제를 떠받들고 있던 농업이 몰락하면서 식량 부족 현상이 발생하였다. 결국 명분만 그럴듯했던 과격하고 무리한 토지개혁은 경제 붕괴를 야기했음.

* 북한은 2017년 UN 보고에 따르면 전체 인구의 41%, 특히 5세 미만 아동의 28%가 영양실조 상태라고 밝혀졌으며 부족한 식량의 일부를 중국 등 해외에서 수입하고 있었으나, 외화부족으로 국내 부족량은 충당 못하고 있으며(배급량 400g에서→300g으로 감소 / 최소 권장량 600g) 식량부족 현상이 지속되면서 상당수 북한 주민은 만성적인 영양결핍을 겪고 있고, 특히 취약계층인 아동과 여성의 건강 악화가 심각한 수준임

글로벌 식량문제(food's problem)의 원인

우선 **식량 분배의 불평등 문제**이다. 기아 문제가 심각하게 나타나는 식량 부족 국가는 세계의 1/3 정도인데 대부분 아시아와 아프리카의 개발도상국이 해당된다. 한 쪽에서는 굶어 죽어가고 있지만, 또 다른 한쪽에서는 비만을 걱정하고 있는 상반된 상황이 존재하고 있다.

두 번째는 **인구의 급격한 증가**임. 개발도상국의 인구가 빠르게 증가하여 곡물 수요도 따라서 증가하고 있지만, 식량 생산의 증가가 여기에 미치지 못하고 있는 것이다. 2022년 7월 1일 기준(UN추정) 전 세계 인구가 약 79.5억 명으로 80억 명을 바라본다. 산업혁명으로 인구가 급증했던 1850년의 11억7천만 명에서 1950년 24억9천만 명으로 100년 사이 배 이상 증가했던 것에 비해 불과 70년 만에 300% 이상 급증한 상태이다.

세 번째 **기후변화 문제**로 지구 온난화의 영향으로 아시아, 아프리카 등에서 **사막화가 진행**되면서 반 건조지대가 농사를 지을 수 없는 땅으로 바뀌었다.

네 번째는 식량생산 단가의 증가의 문제이다. 농업형태가 기계화되어 기계를 움직일 수 있는 화석연료의 이용도가 큰 영향을 미치고 있고 세계석유수출국기구에서 산유량의 증감에 따라 원유가격의 변동이나, 비료나 농기구의 생산비용, 경작과정, 농산물의 선적, 보관 등에 필요한 경비가 급등하여 농산물 값이 크게 오르게 되고 더 많은 사람들이 식량 확보가 어렵게 되면서 기근이 발생 되는 결과를 초래하고 있다.

다섯 번째 작물소비형태의 다양화이다. 옥수수, 사탕수수 등 주요 곡물이 바이오 에탄올의 원료로 한 때 각광을 받으면서 수요가 증가하였고 이에 따른 가격도 빠르게 상승하였다.

여섯번째 육류소비 증가에 따른 사료용 곡물 수요의 증가임. 사료용 밀과 옥수수 소비량은 전체 곡물 생산량의 1/3인데 육류의 소비가 늘어남에 따라 가축의 사료에 들어가는 곡물 소비량도 증가하게 되었다.

글로벌 식량문제의 원인은 다양하다. 각자 **식량부족문제에 대한 해결방안**을 연구/모색해 보아야 한다. 첫째 절대 경작농지의 확보가 필요하다. 둘째 바이오 연료 생산을 감축해야 한다. 탄소 배출량 감축을 위해 사탕수수와 옥수수 및 기타 식량작물을 에탄올과 바이오디젤로 전환하는 수요를 최소화해야 한다. 셋째 세계 곡물시장의 개선 등 국제 사회의 노력이 필요하다. 식량 부족 국가에 대한 인도적 차원의 지원, 왜곡된 세계 곡물 시장의 개선 등을 위한 세계 각국의 노력과 국제적 협력이 활발히 이루어져야 한다. 넷째 영세 농가에 대한 지원이다. 아프리카 영세 농가의 생산성을 높이기 위해 저개발국의 영세 농가에 대한 원조나 더 나은 벼농사 및 관개와 같은 첨단 기술에 대한 교육, 질 좋은 종자 및 비료지원 등 다양한 효과적인 방법들을 찾아야 할 것이다.

2. 글로벌 빈곤문제

"빈곤은 무력화와 배제의 결과이다."(UN인권고등판무관사무소, OHCHR), 빈곤과 인권(Poverty and Human Rights), 빈곤은 경제적 인권과 직접적 관계에 있다. 그것은 경제적 정의(justice)의 문제와도 연결된다. "빈곤은 권력 부재의 상태, 즉 사람들이 자기 삶의 주요 부분을 통제할 수 있는 능력을 거부당한 상태"(옥스팜)이기 때문이다. 빈곤은 생활에 필요한 물자가 없거나 부족한 상태로 기본수요의 부족현상에 의한 생활필수품의 결핍, 육체적, 정신적 불안감을 포함해 필요한 최저생계에 미치지 못하는 생활 상태를 얘기한다. 빈곤은 그 원인이 지역공동체, 사회공동체, 국가공동체에 있다는 점에서 그 결과가 인간의 삶의 모든 면에 영향을 미친다는 점에서 정치적, 사회적 문제이며 경제적 정의(Justice)의 문제이다.

빈곤에는 절대적 빈곤과 상대적 빈곤이 있다. 절대적 빈곤은 생명을 유지하기 위해 필요한 최소한의 의식주가 충분치 않은 상태로 건강·체력을 유지하기도 곤란한 최저생활수준 이하의 생활 상태를 말한다. 주목해야 할 빈곤의 형태는 바로 절대적 빈곤의 문제이다. 상대적으로 그 지역과 사회에서 '보통'인 생활을 누릴 수 없는 상태로 경제적인 필수품이 부족해서가 아니라 부족하다고 느끼는 상대적 빈곤과는 엄연히 구별이 된다.

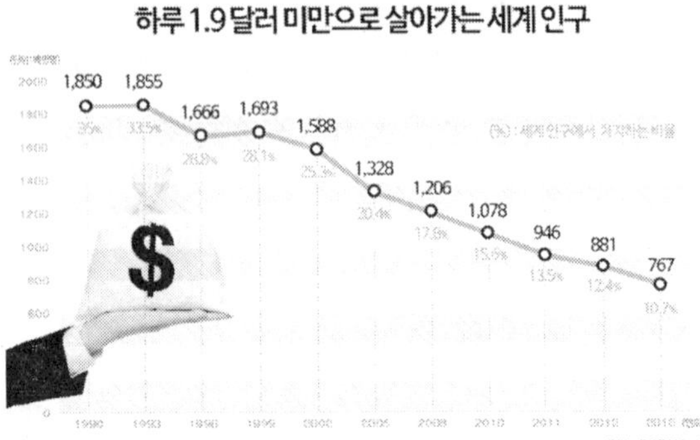

빈곤은 국가내의 혹은 국가 간의 불평등한 정치사회구조의 결과일 수 있다. 따라서 빈곤을 해결하고 극복하기 위해서는 지구촌 모든 사람들의 정당한 인권과 자유가 보장되고 정의로운 사회구조가 확립되어야 한다. 사회구조적으로 자원의 부족이나 정부의 정책적 특성, 경제제도, 자본과 기술의 부족, 기후와 시장 구조 등과 국가의 취업구조, 노동시장의 구조적 불평등 및 고용불안정성, 임금차별 등의 원인이 있다.

제도적으로는 부에 대한 소득재분배 기능을 수행하는 조세제도나 사회보장제도, 사회복지정책의 부실이 있고, 불로소득이나 비정상적인 부의 축적 만연으로 소득계층 간의 불평등 심화 등이 있으며 기타 전쟁이나 자연재해(태풍, 해일, 지진, 화산폭발, 산불) 등으로 인한 빈곤층의 생성을 들 수 있을 것이다.

글로벌 빈곤퇴치운동은 절실하다. 매년 300만 명 이상 영양실조로 인한 유아가 사망하고 예방과 치료 가능한 질병 의약품 부족, 노동학대, 교육의 결핍 등 전 세계인구의 9% 정도인 7억 1,100만 명의 절대빈곤층(2021. 1.9달러)이 존재한다. UN에서는 빈곤/기아 퇴치와 인권신장을 위해 1992.10.17. 세계 빈곤퇴치의 날(International Day for the Eradication of Poverty)을 설정하여 2030년까지 전 세계 모든 빈곤을 퇴치할 것을 목표로 하고 있다. '가난이 있는 곳에 인권침해가 있다.' 오늘도 텅 빈 그릇으로 하루를 채우는 8억 명의 사람들을 생각하면 빈곤 탈출만큼 중요한 인권 신장이 없다는 사실을 인식힐 수 있다.

굶지 않을 권리
모든 인간이 기본적으로 누려야 할 권리입니다.

"되려고 하지말고 하려고 해봐라"
'한 마리 새가 되는 일은
공중에 떠서 쉬지 않고 날갯짓을 하는 일이다'

연구 및 토의 방향

❑ 글로벌 식량 및 빈곤문제

* 글로벌 식량 부족 문제의 원인과 기근에 대한 탐색
  - 왜, 식량이 부족한가?
  - 식량부족을 겪고 있는 지구적 사례 연구
* 기아와 빈곤의 문제에 대한 지구적 실태 연구 및 토의

13 지구 온난화(globalwarming) 문제

『전 지구적 문제에 있어서 '멀리 가려면 함께 가야한다.'는 말처럼 함께 해결 해나가야 할 '지구온난화 문제'는 지속가능한 지구의 생존과 직결된 문제로서 글로벌 에너지 문제와 연계하여 탐색하고 토의를 진행한다.』

1. 지구온난화(global warming)

지구온난화(Global Warming)는 "지구의 평균 기온이 점진적으로 상승함과 함께 전 지구적 기후 패턴이 급격하게 변화하는 현상을 일컫는다." 산업화 이전에도 기후 변화가 존재하긴 했지만, 현재의 기후 변화는 급격하며 자연적인 이유로만 발생하는 현상은 아니며 이산화탄소(CO2)와 메탄(CH4) 등과 같은 온실가스를 방출함으로써 일어난 현상이다. 인간이 방출한 온실가스의 대부분은 에너지를 이용하기 위해 화석 연료를 사용하는데서 만들어지는 것이다.[52]

지구온난화(Global Warming)는 산업화 당시와 비교하여 지구의 지표면 평균 기온 상승을 나타낸다. 태양광선에 의해 가열된 지구 표면에서 발생하는 적외선 중 일부가 온실가스에 흡수되어 모든

52) 위키백과, 우리 모두의 백과사전, 화석 연료(fossil fuel, 化石燃料) - 기후변화 / 지구온난화

방향으로 열이 재 방출 되면서 지구의 대기 온도가 상승하는 것이 온실효과이다. **온실가스**는 대략 이산화탄소(CO2) 88.6%, 메탄(CH4) 4.8%, 이산화질소(N20) 2.8%, 기타 수소불화탄소(HFC3) 외 3.8% 등으로 구성되어있다. 이 기체들로 구성된 온실가스로 인해 지구온난화가 발생되고 있고 지구온난화의 기타 원인으로는 온실효과를 야기하는 태양활동의 변화, 토지개발이나 산림훼손, 도시화와 산업화, 화산활동 등을 들 수 있다. 지구온난화는 지구상에 다양한 피해를 유발한다. 우선 지구가 더워지면서 빙하가 녹아 해수면이 상승하게 된다. 지금 추세대로라면 2100년쯤 해수면이 최소한 50cm 이상 상승 할 것이라는 학자들의 주장이 있다. 이렇게 되면 지구상 인구 40%가 해안 100km 이내에, 1억명 이상이 해발고도 1m 이내 거주하고 있음을 감안하면 위험성이 크게 대두되고 있다. 2050년 경에는 피지, 키리바시, 투반루 등의 섬나라들이 수몰될 수 있고, 해수 산성화의 가속과 극지방 면적의 감소, 폭염과 혹한 등의 기후변화와 **폴라보텍스**(polar vortex, 북극소용돌이) 등과 같은 기상 이변 현상이 더욱더 지구를 강타할 것이다.

이러한 지구의 온난화 문제를 방지하기 위해 인류는 UN차원의 국제협약(정식명칭은 '기후변화에 관한 유엔 기본협약(United Nations Framework Convention on Climate Change)'을 체결하여 해결에 나섰다. 1992년 6월 체결된 '리우환경협약'으로 우리 대한민국을 포함하여 총172개국이 가입하여 이산화탄소를 비롯한 온실가스의 방출을 제한하여 지구온난화를 막고자 UN차원의 협력방안을 추구하였다. 이후 **1997년 교토의정서에서** 온실가스 감축 의무이행에 신축성을 확보하기 위해 **온실가스 배출권거래제도**(IET:International Emission Trading scheme)**를 채택**하여 할

당량만큼 온실가스 감축이 불가능한 국가·기업의 경우 한도에 미달한 다른 국가의 할당량을 매입할 수 있도록 허용하겠다는 것으로 2005년 발효되어 지구온난화의 주범인 이산화탄소의 배출 규제를 주요 과제로 다루게 되었다.

1850년 대비 지구 평균 지표면 기온은 1도 이상 상승하였으며, 2013년 IPCC[53] 5차 평가보고서는 이와 같은 현재 지구온난화가 인위적 온실가스 증가에 의해 95% 정도 기인하는 것으로 평가했다. IPCC(Intergovernmental Panel on Climate Change, 기후변화에 관한 정부간협의체) 5차 보고서에서는 현재와 같이 지속적으로 배출된다면 2100년경에는 약 4도에서 5도 정도까지 증가할 것으로 평가하였다. 이에 따라 2015년 협상을 통해서 2100년까지 지구 평균지표기온의 상승을 산업화 이전 대비 1.5도 이하로 낮추기 위한 '신(新) 기후체제'인 '파리협정(Paris Agreement)'이 체결되었다. 2015년 12월 파리기후변화협약(파리협정, Paris Agreement)에서는 지구온난화를 막기 위해 모든 온실가스의 인위적인 배출규제를 위한 교토의정서를 대체 2020년 이후의 기후변화 대응을 담은 국제협약으로 채택하였다. 파리협정에는 우리나라를 비롯하여 총195개국이 참여하였고 미국은 2017년에 잠시 탈퇴했다가 2021년 복귀하여 동참하고 있다. 2020.10.28. 대한민국은 2050 탄소중립화(Net-Zero)를 선언하였다. 지구온난화를 막기 위해 모든 온실가스의 인위적인 배출을 감소시켜 탄소-제로화(Net-Zero)를 추진하겠다고 국제사회에 약속한 것이다. 2021.4.22 지구의날 기후변화정상회의를 통해 '파리협약 목표' 달성을 위한 노력이 계속되었고

53) IPCC(Intergovernmental Panel on Climate Change): 기후변화에 관한 정부간 협의체IPCC 평가보고서는 유엔기후변화협상(UNFCC)에서 정부간 협상시 근거자료로 활용되고 있음.

2021.11.13. 제26차 유엔기후변화협약 당사국총회(cop26)에서 "한국은 2030 국가 온실가스 감축목표(NDC)를 2018년 대비 40% 이상 감축하겠다."고 종전 목표보다 14% 상향한 과감한 목표를 제시했다.

UN 산하 '기후변화에 관한 정부 간 협의체(IPCC)' 제5차 보고서는 지구온난화가 화석연료의 사용 증가 때문일 가능성이 매우 높다(95% 이상의 확률)고 결론을 내렸다. 에너지를 얻기 위해 사용된 화석연료(석유, 석탄, 가스 등)의 연소는 지구온난화의 주범인 이산화탄소(CO2) 농도를 꾸준히 증가시키고 있는 것이다. 화석연료에서 발생하는 이산화탄소(CO2)는 인간의 화석연료 소비 증가로 배출되는 대표적 온실가스로 전 지구 평균농도는 꾸준히 증가시키고 있으며, 무색·무취, 불연성이고 화학적으로는 불활성인 가스이며 한번 발생하면 금방 소멸되지 않는다. "이산화탄소는 주로 화석연료의 연소 과정에서 발생하는 일산화탄소, 이산화황, 질소산화물, 지표오존 등 반응가스에 비해 대기 중 머무는 기간이 훨씬 길다. 대기 중에 머무르는 시간이 약100~300년 이상으로 전체 온실효과의 65%를 차지한다." 반응가스들은 몇 시간 내지 길어도 1년 안에 대기 중에서 사라지지만, 이산화탄소(CO2)는 "화석에너지 사용과 시멘트 생산 등 인간 활동과 동·식물의 호흡과정, 유기물의 부패, 화산활동 등 자연활동으로 대기 중에 배출되고 식물의 광합성 작용과 해양 흡수로 배출된 양의 약 60%가 제거되고 나머지 40%가 대기 중에 남아 농도가 지속적으로 증가한다."[54)]

---

54) 기상청, 2020년 12월 16일 (수) 12:00 편집

감사하는 마음은 거만해지지 않도록 하며,

조용하고 겸손한 인간을 만든다

-보드 새퍼-

연구 및 토의 방향

❏ 지구온난화 문제

* 지구온난화의 원인과 영향
* 지구온난화 영향 사례를 탐색 / 분석
* 지구온난화 해결을 위한 노력 등에 연구 및 토의

"지구는 기다려주지 않는다"

14 글로벌 에너지 문제

『전 지구적 문제에 있어서 '멀리 가려면 함께 가야한다.'는 말처럼 함께 해결 해나가야 할 '글로벌 에너지 문제'는 지구온난화 문제와 연계하여 생각해보고, 에너지의 여러 가지 제반 문제점들을 도출하여 그 해결방안을 모색한다.』

1. 에너지 문제의 극복 - 대체에너지

"지구는 기다려주지 않는다." 지속가능한 글로벌 지구공동체를 위해 지구온난화 해결을 위한 탄소감축 노력이 절실한 시점이다. 늦었다는 생각으로 온실가스 배출량을 줄이는 데에 전 지구적 노력을 함께해야 한다. 기존의 화석연료[55]인 석탄사용을 배제하며, 풍력이나 태양에너지, 수소, 전지, 원자력 등 청정에너지를 중심으로 에너지 수급전략을 수립하면서 사용하는 에너지의 효율성을 극대화할 수 있는 방안을 강구해야 한다.

기후변화에 관한 정부간협의체(Intergovernmental Panel on

---

55) 화석 연료(化石燃料, Fossil fuel)는 인간이 사용하는 여러 가지 에너지 자원들 중 한 가지 형태로서, 오래전 지구상에 서식했던 유기체의 잔존물로 인하여 생성된 에너지 자원을 말한다. 화석연료의 종류에는 천연가스, 석유, 석탄이 있다.

Climate Change, IPCC)는 지구온난화 완화를 위해 온실가스 배출량(GIG) 줄이는 운동을 통하여 상당한 양의 이산화탄소를 감소시키고자 노력하고 있다. 배출량 감소 정책목표로 청정에너지(신재생에너지)의 사용 증가와 에너지 효율(Efficient energy use)을 높이자는 것이다. 신재생에너지는 기존의 화석연료를 변환시켜 이용하거나 햇빛, 물, 지열, 생물유기체 등을 포함하는 재생 가능한 에너지를 변환시켜 이용하는 에너지, 지속 가능한 에너지 공급체계를 위한 미래에너지원을 그 특성으로 한다. 신재생에너지는 유가의 불안정과 기후변화협약의 규제 대응 등으로 그 중요성이 커지게 되었다. 태양열, 태양광발전, 바이오매스, 풍력, 소수력, 지열, 해양에너지, 폐기물에너지 등의 재생에너지와 기타 새로운 연료전지, 석탄액화가스화, 수소에너지 등 3개의 신에너지까지 총11개 분야를 신재생에너지로 분류하고 있다.[56] 에너지는 한 나라의 국가경제를 뒷받침하는 필수불가결한 것이며, 국가의 안전보장과도 깊이 결부되어 있기 때문에 에너지의 안정적이고도 합리적인 공급은 매우 중요하다. 에너지 자립도가 낮은 EU는 GAS의 2/3를 러시아 GAS에 의존하고 있다. 우크라이나 전쟁으로 EU행 가스관을 무기화 하는 푸틴의 Russia에 속수무책 당할 수밖에 없는 안타까운 상황을 보았다. 우리나라의 경우에도 국민경제의 필수적인 에너지의 96.9% 이상을 수입에 의존하고 있어 에너지안보(energy security)의 중요성은 매우 크다. 에너지 자원은 가정(음식 요리, 전등, 냉·난방), 산업 활동, 교통수단 등 거의 모든 생활에 필수적인 요소이며, 대부분이 전기에너지가 사용되어 삶에 가장 큰 영향을 주고 있다. 이처럼 한 국가 공동체의 에너지 정책은 인간 삶의 매우 많은 부분에 영향을 미치

---

56) 매일경제, 매경닷컴, 2022.7, 신재생에너지

고 있기에 국가에너지 정책은 매우 신중하고 합리적인 예측과 판단, 선제적 대응이 중요하다.

기후변화에 대응할 수 있는 청정에너지이면서 에너지 효율성이 높은 에너지원의 확보가 그 만큼 중요해진 것이다. 신재생에너지가 미래 대체에너지 임에도 에너지 효율성과 가성비 면에서 원자력에너지와 천연가스에 비해 많이 부족하기 때문에 근래 청정에너지인 원자력과 천연가스에 대한 관심이 증대되면서 EU에서는 2022년 2월 천연가스와 원자력발전에 대한 투자를 **'그린 택소노미(green Taxonomy)'**[57]로 분류하는 규정안을 확정하면서 2023년 1월부터 원자력발전과 천연가스가 그린 택소노미에 포함될 예정이다.[58] 2050 탄소중립화와 국가온실가스감축목표(NDC)를 달성하기 위해서는 화석에너지 사용을 줄이면서 신재생에너지의 확대도 필요하지만 원자력발전 등 경제성과 효율성이 높은 청정에너지원의 활용이 있어야 가능한 것이다.

화석연료 사용은 지구 온난화의 주범인 온실가스 배출뿐만이 아니라 대기오염, 산성비 등 환경오염을 유발한다. 1952년 12월 영국 런던에서 발생한 그레이트 스모그는 역사상 최악의 대기오염 문제를 야기 시켰고, 대기 오염으로 인해 3주간 1만 2,000명이 사망하

---

57) 녹색 산업을 뜻하는 그린(green)과 분류학을 뜻하는 택소노미(Taxonomy)의 합성어로, 환경적으로 지속가능한 경제 활동의 범위를 정하는 것이다. 즉, 어떤 산업 분야가 친환경 산업인지를 분류하는 녹색 산업 분류체계로, 녹색 투자를 받을 수 있는 산업 여부를 판별하는 기준으로 활용된다.
유럽연합(EU)이 2020년 6월 처음 발표했다. 2020년 첫 발표 당시 원자력발전과 천연가스는 포함되지 않아 이를 두고 논쟁이 계속됐는데, EU는 2021년 12월 마련한 그린 택소노미 초안에서 천연가스와 원진을 포함시킨 데 이어 2022년 2월 천연가스와 원전에 대한 투자를 '그린 택소노미'로 분류하는 규정안을 확정·발의했다. 그린 택소노미 (시사상식사전, pmg 지식엔진연구소)

58) 한경 경제용어사전, 에너지의 중요성-에너지 안보[energy security]

는 참사를 낳기도 했었다. 당시 영국에서는 가정 난방, 공장, 발전소의 60%가 석탄 연료를 사용하고 있었다. 글로벌 에너지 문제는 화석에너지의 환경오염 문제와 더불어 에너지의 고갈문제가 함께 대두되고 있다.

고갈 위기에 처한 화석연료

"인류는 지난 200년간 석유, 석탄, 천연가스 등의 화석연료를 통해서 에너지를 얻었다. 그러나 현재 인류는 지금과 같이 화석연료에만 의존할 수 없는 상황에 처해있다. 영국의 석유화학 전문회사인 British Petroleum(이하 BP)이 내놓은 통계 자료를 보면, 아직 채취되지 않은 석유의 매장량과 연간 생산량은 각각 12,379억 배럴과 297억 배럴 정도다. 지금과 같은 추세로 캐내면 석유는 42년 후면 고갈되는 셈이다. 마찬가지로 석탄은 133년, 천연가스는 60년 후면 고갈된다고 BP는 밝혔다. 카이스트신문은 전 세계 주요 에너지 소비의 화석 연료 비율이 86.4%에 이른다고 추정하고 있다. 화석연료는 온실가스 배출과 미세먼지 농도를 증가 시키는 고갈에너지로 석유는 40년, 석탄은 220년, 천연가스는 64년분이 남아있다."[59] 고 진단하였다. 직면한 화석연료의 고갈 문제를 해결하기 위해, 재생가능하고 친환경적인 대체에너지의 필요성이 더욱 증대되었다.

대체에너지

신재생에너지 중 태양을 이용한 에너지는 반영구적인 에너지이며 친환경적 방법이다. 태양광 발전은 현재 사용 가능한 여러 발전 방

59) 카이스트신문(http://times.kaist.ac.kr), 2009.3.29

식과 비교해 여러 장단점을 가진다. 우선 태양광 발전은 빛에너지를 전기에너지로 직접 변환하는 것으로 화학적 변화를 동반하지 않기 때문에 환경 오염물질을 발생하지 않고, 가동 부분이 없어서 소음도 발생하지 않는 장점이 있다. 또한, 다른 발전 방식에 비교해 단순한 시스템으로 구성되어 보수가 편리하며 무인화 운전이 가능하다. 태양에너지는 지속적이며 반영구적이라 고갈의 염려가 없다는 점도 강점이다. 규모에 따라서 발전 효율이 향상되는 화력발전 등과 달리, 태양전지는 면적에 따른 발전 효율이 일정해 필요에 따라 원하는 규모로 설치할 수 있다. 태양광 발전의 단점은 낮에만 가능하다는 것과 발전량이 햇빛 양에 따라 변화한다는 것이다. 그리고 태양광의 에너지 밀도와 발전 효율이 낮아 큰 전력을 얻으려면 넓은 면적이 필요하다. 태양광 발전은 직류 전류만 발생시킬 수 있으며, 교류 전류를 생산하려면 변환기가 필요하다. 이것은 응용 분야에 따라서 장점으로 작용하기도 한다.[60] 한편 태양광이 고갈되지 않는 축복받은 에너지라는 찬사와 함께 "태양광이나 풍력만으로 에너지 전환을 모두 해결할 수 있다고 주입시키고, 친환경이라는 구실로 국민에게 값비싼 재생에너지를 사용하라고 하는 것은 주식시장으로 치면 '폰지 사기'와 같습니다." (2021. 12. 6. 그린피스(Green-peace) 창업자 패트릭 무어) 라고 하는 상반된 견해도 있다.

기타 아이슬란드의 지열 에너지처럼 조산대에서 지하수나 지하의 열을 이용하여 전력을 생산하는 **지열 에너지**, 조석, 조류, 파랑 등의 에너지로 전력을 생산하는 **해양 에너지**, 바람의 힘으로 풍차를 돌려 전력을 생산하는 **풍력 에너지**, 광합성 되는 유기물 및 유기물을 소비하여 생성되는 모든 생물 유기체의 **바이오 에너지**, 수소와

---

60) 카이스트신문(http://times.kaist.ac.kr), 2009.04.14.

산소를 화학 반응시켜 전기 에너지를 얻는 **수소-연료 전지** , 사업장 또는 가정에서 발생되는 가연성 폐기물 중 에너지 함량이 높은 폐기물을 열분해에 가스 제조기술 및 소각에 의한 열회수기술 등의 가공처리 방법을 통해 연료를 생산하는 **폐기물에너지** 등이 있다.

또한 청정에너지이면서 효율성이 뛰어난 원자력 에너지가 있다. 원자력에너지란 '핵에너지'라고도 한다. 핵분열 시에 발생하는 열에너지로 이 열에너지를 이용하여 증기를 만들어 터빈을 회전시켜 발전(發電)하는 것이다. 그동안 지구상에서 몇 번의 사고가 있었다. **체르노빌 원자력 발전소 폭발사고**는 1986년 옛 소련의 체르노빌 원자력 발전소에서 일어난 폭발로 엄청난 양의 방사능이 새어 나왔다. 이 사고로 체르노빌은 죽음의 땅이 되었고, 수십 년이 지난 뒤에도 사람들의 건강에 심각한 문제를 일으켰다. 2011년에는 일본 **후쿠시마 원자력 발전소 폭발사고**로 방사능이 유출되어 발전소 주변 20㎞ 안에 있는 주민들은 모두 대피해야 했으며 그 후유증은 아직도 남아 있다. 하지만 원자력에너지가 가지고 있는 안전성에 대한 확신만 확보된다면 현재까지 대체에너지로서 원자력에너지 만큼 효과적인 에너지원은 없다.

LCOE(**균등화발전원가,** Levelized Cost of Electricity)는 발전설비 운영기간에 발생하는 모든 비용을 수치화해 나타낸 값이다. 즉 발전소가 1kWh의 전기를 생산하기 위한 생산단가로서 한국자원경제학회의 균등화발전비용(LCOE) 관련연구 분석보고서에서 “LCOE 분석결과 생산단가는 해상풍력이 가장 높고 다음으로 육상풍력 〉 태양광 100kW 〉 석탄 〉 가스복합(CCGT) 〉 태양광 3MW 〉 태양광 3kW (24시간 가동, 야간, 장마기간 발전량은 0)〉 원자력 순으로 나타났다.”고 밝혔다. 외부비용을 포함하지 않을 경우 **태양광 3MW**

의 발전단가는 113.21원이고 원자력은 67.84원이다.[61] 유엔 기후변화에 대한 정부간 패널(IPCC) 2014보고서 기준 **온실가스 배출량**은(CO^2 /1kw)은 원자력발전이 12g, 풍력발전이 12g, 수력발전이 24g, 태양광 발전이 48g, 가스발전 490g, 석탄발전 820g 등으로 원자력 발전과 석탄발전과의 차이는 6.8배 정도다.[62]

원자력에너지의 안전성 문제 - 과학이냐, 인간의 공포심이냐

한국의 원자력발전은 1978년 4월 고리원전 1호기가 첫 상업운전을 시작한 이후 지속적으로 건설, 현재 총 24기의 원자력발전소를 운영 중에 있다. 한국형 원자료 **APR1400**은 신형가압경수로로 외벽 두께 1.5m, 5중 방호벽으로 설계되어 있어 후쿠시마 원자로의 10cm 강판 패널로된 벽과는 안전도면에서 많은 차이가 있다. APR(Advanced Power Reactor, 신형원자력발전소) 1400은 한국수력원자력이 2014년 12월 23일 미국 NRC(NRC : Nuclear Regulatory Commission, 원자력규제위원회)에 표준설계 인증을 신청하여 2019년 4월 30일에 더 이상 기술적 이슈

61) 에너지기술평가원, LCOE(Levelized Cost Of Energy, 균등화 발전원가-발전설비 운영기간에 발생하는 모든 비용을 수치화해 나타낸 값. 발전소가 1kWh의 전기를 생산하기 위해 얼마의 비용이 필요한지, 모든 비용을 고려하여 나타낸 것.) 분석결과, 2021.06.28

62) IPCC 2014 보고서-유엔 기후변화에 대한 정부 간 패널(IPCC)2014보고서 기준

없이 표준설계를 인증까지 받았다. 미국이 타국가가 개발한 원전의 안전을 인증하고 설계 인허가까지 인정해준 것은 세계에서 처음으로 그 안정성이 최고수준임을 인정받았다.

한국의 원자력 설비용량은 미국, 프랑스, 일본, 러시아, 독일에 이은 **세계 6위 규모로 3.4%비용으로 전체에너지 수요의 30%를 담당하고 있다. 원자력 에너지**는 원료인 우라늄이 석유나 석탄보다 **값싸고**, 매연이나 이산화탄소가 나오지 않는 **청정에너지로서** 수력, 화력, 풍력보다 더 강하고 효율성이 높다. 발전 원료의 수입, 이동, 저장이 쉽고 안정적이지만 원자력 발전의 가장 큰 위험은 원자로에서 발생하는 많은 양의 방사능인데 한국형 원전은 7.0내진 설계로 포항지진의 250배가 와도 안전하게 설계되어있다. 후쿠시마 사고 이후 우리나라는 모든 전력이 차단되어도 장기간 냉각수 공급이 가능하도록 이동식 발전기와 축전지를 구비하고, 비상 냉각수 외부 주입 유로를 설치하는 등 최상의 안전 시스템을 구축하고 있다.[63]

방사성폐기물처리 문제 등 해결해야 할 과제가 남아 있지만 온실가스 감축을 위해 현실적으로 원전은 필수불가결한 요소이며 최근 안전성을 보다 강화한 **소형원자로SMR**(Small Modular Reactor, 소형모듈원전, 300MWe 규모 이하의 소형 원자로)가 개발되고 있다. 이와 함께 유럽연합(EU) 등이 원자력과 천연가스 발전에 대한 투자를 친환경(녹색)경제활동으로 인정하는 지속가능한 금융 **녹색분류체계(Taxonomy·택소노미)**에 포함시켜 저탄소 녹색 성장을 추진하고 있다.

---

63) 한국원자력연구원(KAERI. ALL RIGHTS RESERVED).:042-868-2000 팩스: 042-868-2196, COPYRIGHT © 2018 KAERI. ALL RIGHTS RESERVED.

실패란 넘어지는 것이 아니라
넘어진 자리에 머무는 것이다.
-프린세스 라브라바-

연구 및 토의 방향

❑ 글로벌 에너지 문제

* 글로벌 에너지의 문제점 분석
* 지구온난화와 연계된 에너지 문제
  - 지구온난화 해결을 위한 효과적인 에너지 정책은 "지구는 기다려주지 않는다"

15 세계시민을 위한 준비

『세계시민의식과 글로벌 지성(GI) 에 대한 이해를 바탕으로 세계시민으로서의 자세와 태도를 갖추기 위한 인성과 품성을 구비토록 하는데 있음. 세계시민이 되기 위한 준비로서 우리 자신과 다른 사람들이 공존하고 함께 창조해 갈 수 있도록 하는 능력, **글로벌** GI를 향상시키기 위한 방법들을 생각해보고 GI에 대한 개념을 이해하고 공유한다. 다른 사람들과 공존하고 함께 창조할 수 있게 하는 자신의 능력 향상을 위한 방향을 설정 한다. **글로벌 리더로서** 자신이 선택하고 실천할 수 있는 방안들을 연구한다. 글로벌 세계관을 겸비한 예절바른 민주시민이 되기 위한 이상적인 세계시민 상과 글로벌 리더로서 갖춰야 할 소양에 대해 논의하고 연구 및 토의를 진행한다.』

1. 세계시민 의식과 글로벌 지성(GI, Global Intelligence)

글로벌 지성(GI, Global Intelligence)이란 우리 자신과 다른 사람들이 공존하고 함께 창조·번영해 갈 수 있게 하는 인간의 지혜라고 할 수 있다. 세계 시민의식은 지금 그 어느 때보다 긴급하고 당면한 과제다. 세계무대를 좌우하는 지도자들이 지구라는 함께하는 공동체를 위해 일하는 세계시민이 아니라 자국의 이익만을 위해 일하는 특정 국가의 국민일 경우가 많다. 세계 시민의식은 자국 중심주의적이면서 동시에 외부세계에도 열린 마음으로 공존공영을 추구하는 것이다. 우리의 내적인 의식 수준을 높이면서 외부 세계에 대한 보다 효과적인 연결성을 추구할 수 있는 것이다.

자민족 중심에서 열린민족주의로, 지구적 세계시민성 중심으로 인식의 수준을 높이려면 역사적, 문화적으로 지녀왔던 배타성과 편협한 정체성에서 벗어나 더 넓은 세계를 볼 수 있는 눈을 가져야 한다. 물론 우리가 간직해왔던 훌륭한 문화와 전통은 지속적으로 계승 발전 시키면서 소중히 지킬 수 있어야 할 것이다. 하지만 그러한 것들이 다른 공동체와 공존할 수 없는 특별한 것이라는 생각에서 자신을 해방시킬 수 있어야 한다. “세계시민의식이라는 도전 과제를 수행하기 위해서는 궁극적으로 우리와 그들을 이어주는 다리를 만드는 작업이 수반된다. 세계시민을 배워 갈수록 깨닫게 하는 것은 무엇일까? **목격하기**-눈을 뜨는 것, **배우기**-지성을 깨우는 것, **통하기**-관계를 형성하는 것, **지구적으로 협력하기**-함께 일하는 것 등으로 이 네 가지 능력은 눈, 지성, 마음, 그리고 손이라는 우리 신체 일부를 통해서 구현된다.”64)

세계 시민의식의 출발은 글로벌 지성(GI, Global Intelligence)을 가지고 글로벌 세상을 볼 수 있는 눈을 가지는 것으로부터 시작된다. 어떤 모양으로 세상을 보고, 세상을 어떻게 느끼고, 세상을 어떻게 생각하는지, “세상을 보기 시작하면서 그것에 대해 배울 수 있고 우리와 다른 사람들과도 소통하며 그들과 협력을 할 수 있게 되는 것이다.” 그처럼 자연스럽게 세상의 그림이 그려지면 무엇인

---

64) 마크 게이어존, 김영규 옮김, 『당신은 세계 시민인가 Global citizens』(서울: ㈜에이지 이십일. 2010), pp. 19-20.

가 생각하게 되고, 무엇인가를 배우고 싶어진다. 자신이 살아 온 지성의 영역이 얼마나 좁았던지 깨닫게 되는 것이다. 자신이 우물 안 개구리처럼 살아왔던 마음의 문을 활짝 열어젖힐 수 있어야만 세상을 품안에 안을 수 있음을 깨닫게 되고 자신의 경계를 넘어 세계를 향해 나아갈 수 있는 것이다.

"문제를 발생시켰을 때와 똑같은 수준의 인식으로는 그 문제를 해결할 수 없다"고 했던 아인슈타인의 조언을 생각해봐야 한다. 물론 우리는 한 국가의 시민이지만 열린 세계화 시대에 살아가는 삶의 거의 모든 면이 사실상은 세계시민인 것이다. 자국이기주의의 배타적이고 편협한 정체성은 이제 변화해야 하는 것이다. 아인슈타인이 언급한 것처럼 급변해가는 글로벌 세상의 문제들을 이해하고 해결의 방법들을 찾아가기 위해서는 보다 새로운 인식의 변화가 있어야 한다. 세계시민의식에 대한 실질적인 혁신을 위해서는 배워서 깨달음만 가지고 될 수는 없다. 깨달았으면 상호 연결성을 증대시키기 위한 노력을 해야 한다. 세계시민으로서 열린 사고와 함께 소통할 수 있어야 한다. 우리가 하고자 하는 것이 무엇이든 언제나 '경계를 넘는' 법을 배워야 한다. 그들의 마음과 통해야 하는 것이다. 필요하면 두개 이상의 언어를 구사하라. 심지어 그들이 '적'이라 할지라도 소통의 관계를 형성하고자 하는 노력을 기울여야 한다. 공통기반을 찾아라. 사람들 사이에 존재하는 차이가 무엇이든 우리를 통하게 하는 가능성은 공통기반을 찾을 때 생겨난다. "이제 눈을 뜨고 배워 깨달아 소통하여 관계를 형성했으면 지구적으로 협력하며 함께 일할 수 있도록 행동해 나가야 한다. 그러기 위해서는 어떠한 일도 혼자서 해 나갈 수 없다는 것을 알 수 있을 것이고 맞은편에 늘 상대가 있어야 함을 깨닫게 된다. 그 상대는 우리와 다른 사람들이다.

그들은 우리가 손을 내밀어 특별한 협력관계로 손을 잡고 함께 협력해나가야 할 대상이다. 그러기 위해 우리는 벽을 통해서 보는 법을 배워야 한다. 벽은 물리적, 지역적, 정치적인 벽일 수도 있고 부와 가난, 특권과 차별, 이념이나 신념체계의 벽일 수도 있지만 우리는 나의 경계를 넘어 벽을 통해서 보는 능력을 가져야 한다.

그것을 개발하기 위해서 글로벌 지성(GI)을 키워야 한다." "글로벌 지성(Global Intelligence: GI)를 높여보자. GI는 지능지수인 IQ나 감성지수인 EQ와 달리 우리가 가진 모든 재능을 사용하여 인류가 만들어낸 어떠한 경계도 초월할 수 있는 능력을 의미한다." 즉, 글로벌 지성(Global Intelligence: GI)는 "**우리 자신과 다른 사람들이 공존하고 함께 창조할 수 있게 하는 인간의 능력**"으로 정의한다.[65] GI를 높이기 위한 노력들은 명심보감과도 같은 것이다. 세상을 살아가면서 세상을 보는 눈을 틔우고, 세상을 헤쳐나 갈 지혜를 배우며, 공동체 구성요원들과의 자유스러운 의사소통을 통한 올바른 관계를 형성하여 전 지구적으로 협력하기 위한 공감 역량을 키워 나갈 수 있도록 하는 데도 많은 도움을 줄 것이다. 앞에서 언급된 네 가지 역량 목격하기(눈을 뜨는 것), 배우기(지성을 깨우는 것), 통하기(관계를 형성하는 것), 지구적으로 협력하기(함께 일하는 것) 등의 능력을 개발하면 우리의 글로벌 지성인 GI는 증진되고 거기에 이익과 가치가 더해진다면 그것보다 더 강력한 것은 없을 것이다. 지금 살아가는 주변의 여러 공동체들을 진지하게 목격해보라. 그 안에서 또 다른 세계를 발견할 수 있을 것이다.

기존의 문화와 전통을 보존하면서, 세계시민교육 확산을 위한 상

---

65) 마크 게이어존, 김영규 옮김, 『당신은 세계 시민인가 Global citizens』(서울: ㈜에이지 이십일. 2010), p. 226.

호간 협력 가능성을 모색하고, 인권·평화·문화다양성 및 지속가능한 개발방향에 대한 공감대를 토대로

문화 간의 이해와 세계적 협력을 통해 평화와 정의 및 관용을 증진시켜나가는 세계의 다른 사람들과 협력하는 방법을 공유하는 것은 글로벌 지성을 확인하는 최종관문과도 같다.

글로벌 지성(Global Intelligence: GI)는 다른 사람들과 공존하면서 함께 창조할 수 있게 하는 우리 자신을 구성한 모든 능력이라고 하였다. GI를 높이고 올바른 세계시민이 되고자하는 것은 또 다른 목표로서 지속가능한 삶의 가치가 될 수 있는 것이다. 여기 세계시민으로서 **GI를 증진시키는 20가지 일반적인 방법들**이 제시된다.[66] 이것은 대학의 한 학기 과정에서 뿐만이 아니라 평소 생활의 지혜로서 함께 새겨봄직하다.

1. 자신이 세상에 바라는 변화의 주체가 되어라(내면의 변화→외부적 변화의 성취)
2. 양쪽 뇌(생각, 느낌)를 모두 사용하라- '마음의 문을 열라'
3. 하나는 둘보다 먼저라는 점을 기억하라(일체성-연결성)
4. 집에 문이 있는지 확인하라-이웃을 알자
5. 소수 민족처럼 생각하라-인류의 한 조각
6. 지식을 늘려라, 알지 않는 방법도 포함하여(무지를 깨달음-겸손, 안정감, 자신감)
7. 자신의 세계관을 실제 사실에 적용하여 시험해보라(세계관의

66) 마크 게이어존, 김영규 옮김, 『당신은 세계시민인가 Global citizens』, (하라다 에이지, 2010.12), pp. 228-283.

갱신과 수정)

8. 적을 알아라, 속속들이(역지사지 → 유익, 정직, 밝은 미래관계 유도)
9. 고정관념을 관계로 바꿔라. (이념만이 아닌 영혼도 따를 수 있도록 해야)
10. 생각을 넓히는 질문을 하라. (마음의 문을 열어GI증진을 자극하라)
11. 지구가 말할 때는 들어라. (기후변화 협상 등 지구의 운명에 귀 기울여야)
12. 잘되는 것에 끈기 있게 집중하라. (자포자기란 있을 수 없는 것)
13. 경계를 넘어서 하라.(국경없는 의사회, 밴드 모임 등 → 경계를 넘는 법)
14. 이익과 가치 모두를 생각하라.(이익 외에 사람과 지구가 포함된다)
15. 집에서 멀리, 그리고 가까이 여행하라
    (여행을 거리로만 따지지 않음 → 글로벌 현실 존중)
16. 공통기반을 찾아라.(차이의 존재 → 보편적인 것을 찾는다)
17. 두 개 이상의 언어를 구사하라.(소통하는 법 증진)
18. 벽을 통해서 보는 법을 배우라
    (차별, 특권, 지역적/정치적, 이념과 신념의 벽 넘어)
19. 성스러운 것의 신비를 탐구하라.
    (인류문화의 신성한 관습 → 생존, 번영의 지혜-금과옥조)
20. 세계시민들이여, 뭉쳐라!(협력하는 법을 배우는 것 → 글로벌 최종 시험)

2. 글로벌 리더-이상적인 세계시민

Global Leader는 글로벌 환경에서 리더십을 효과적으로 발휘할 수 있는 사람이다. 앞을 내다볼 줄 아는 프로메테우스적인 선경지명과 희생적 용기, 글로벌 환경을 꿰뚫어 볼 수 있는 통찰력, 과감한 결심, 결단력 등은 글로벌 리더의 중요한 덕목이라 할 수 있다. Global Leader는 자기 나라를 벗어나 정치, 경제, 사회, 문화적 배경이 다른 외국인들과 함께 일하면서, 공동체에 소속해 있는 조직이나 팀의 목표를 달성하기 위해 노력할 때 강압적으로 하게 하는 것이 아니라 스스로 동기를 부여해주고 자발적으로 기여 할 수 있도록 하는데 역량을 발휘하는 사람이다. Global Leader의 모습은 인종이나 문화를 초월하여 다른 나라의 사람들과 적극적으로 소통하면서 국가나 기업, 개인에게 새롭게 도전하고 있는 세계화에 정책이나 사업, 일을 적극적으로 이끌어갈 수 있는 능동적인 리더십을 발휘하는 것이다. Global Leader에게 커뮤니케이션 능력은 매우 중요하다. 언어적 소통뿐만 아니라 국제적인 인적 네트워크를 구축하는 데 필요한 공감역량이기 때문이다. 글로벌 사회는 커뮤니케이션 능력이 뛰어난 인재를 필요로 한다. 글로벌 사회에서 침묵은 곧 패배를 의미한다. 새로운 인재의 발굴 및 양성이 요청되는 글로벌 무한경쟁 상황 하에서 국가나 지역을 넘어 다양한 소통능력을 가지고 글로벌 사업을 이끌 수 있는 역량 갖춘 글로벌 리더를 필요로 한다.

아래 제시된 글로벌 리더의 9가지 원칙[67]에 대해 연구하고 사색해 보자.

1. 세상을 넓게 보기
2. 꿈을 구체적으로 꾸기
3. 건강한 자아 만들기
4. 하고 싶은 일 마음껏 하기
5. 올바른 고집쟁이 되기
6. 자신에게 엄하기
7. 커뮤니케이션 능력 키우기
8. 알맞은 환경 꾸며주기
9. 글로벌 매너 갖추기

위 글로벌 리더가 갖춰야 할 아홉가지 원칙에 대한 연구와 사색을 통하여 우리는 공동체와 세계시민으로서 세상을 살아가는데 필요한 생활의 지표 하나를 명심보감처럼 하나 더 얻을 수 있었다. 글로벌 리더란 어느 시기 어느 장소에서도 흔쾌히 마음을 열고 뜨겁게 논쟁하면서, 자신의 가치와 주장을 내어놓고 이끌어 갈 수 있는 사람이다. Leader란 어느 공동체에서 살아가는 사람이든 세상 삶의 지혜를 지구적 공동체에 적용해서 자신의 가치와 소신을 구현할 줄 아는 사람인 것이다.

Global Leader를 꿈꾸는 사람은 글로벌 세상에 대한 풍부한 지식을 견지하고, 자신이 구현하고자 하는 목표의 보편적 가치에 대한

---

67) 백형찬, 『글로벌 리더-세계무대를 꿈꾸는 젊은이들이 알아야 할 아홉 가지 원칙』, (경기파주 : ㈜살림출판사), 2015.

올바른 인식과 정체성을 정립하여, 글로벌 세상을 어떠한 태도와 마음가짐으로 받아들이고 응대해 나갈 것인가를 우선 생각할 수 있어야 한다. 내가 살아가는 공동체와 글로벌 세상은 규모와 특성의 차이가 있을 뿐 내가 어떤 지식을 연마해서 어떠한 가치를 가지고 어떤 태도(관점)로 살아갈 것인가 하는 지혜(prudenc)의 영역에서는 크게 차이가 없을 것이다. 중요한 것은 세상을 바라보는 가치와 세상에 대한 진지한 태도(attitude)이다. 따라서 세상을 어떤 가치와 태도로 응대할 것인가의 문제는 우선 자신이 올바른 인성으로 만들어져 있어야 한다. 문제의 핵심은 부족하지 않은 훌륭한 나의 인성 만들기다. 그것은 곧 Global Leader의 출발점이 된다. 많은 아이디어가 있겠지만 Leader는 우선 자신을 긍정적으로 볼 줄 아는 사람이어야 한다. 항상 희망과 꿈을 가질 수 있기에 자신감이 충만해지고 긍정 마인드의 분위기를 만든다. Leader는 자기 자신을 알고 정확히 평가할 수 있어야 한다. 리더십의 문제는 자기 자신으로부터 시작되기 때문이다. Leader는 최선의 결론에 이를 수 있도록 권한을 부여하며 신속한 결정을 한다. Leader는 실행 가능한 목표를 제시하며, 열린 마음과 태도로 확고한 원칙과 신념을 가지고 실천할 수 있어야 한다. Leader는 성과목표를 달성하기 위해 가용역량을 융합시키고, 변화와 우발적인 상황에 대처하는 능력을 발휘하여 높은 성과를 창출할 수 있어야 한다. Leader는 가용한 글로벌 네트워크의 구축과 인적·물적 자원의 결집 및 소통 역량을 갖추고 있어야 한다.

Global Leader, 이상적인 세계시민은 지구의 상호 연결된 상태를 기본적으로 이해하는데서 출발한다. 오늘날 지구는 시간·공간적 제약을 넘어 밀접한 상호연결성 속에 하나로 결속되어 있다. "어떤 사람도 섬이 아니다 (No man is an island)" 영국시인 존 던(Jon Donne,1572~1631)의 말에서 공동체의 울타리를 벗어나 섬처럼 살아갈 수 없는 인간의 상호 의존적 연결성을 생각한다. 나를 중심으로 한 작은 공동체의 동심원에서 지구적 공동체의 큰 동심원에 이르기까지 우리는 운명적으로 하나의 연결 상태를 공유하고 있는 것이다. 이상적인 세계시민은 지구적 연결성을 바탕으로 글로벌 리더가 갖추어야 할 원칙을 실천할 수 있는 사람이다. 지구상에 모든 인류를 생각하는 전 지구적 사고를 할 수 있어야 한다. 더 큰 세상을 바라볼 수 있는 눈을 가지고 더 높은 꿈을 향해 자신을 만들어 갈 수 있는 프로메테우스적 선견지명과, 미래를 개척해 나갈 수 있는 의지와 용기를 지닌 세계시민, 글로벌 리더의 모습이 곧 이상적인 세계시민일 수 있다.

리더십 전문가들은 리더가 갖추어야 할 자질로 몇 가지를 꼽고 있다.[68] 먼저 리더는 자신의 위치에 맞는 경험과 교육을 기본 자질로 갖추어야 한다. 경험은 문제를 해결 해 나갈 때 중요하게 작용하며, 교육은 훌륭한 판단력과 의사결정을 하는데 필요한 것이다. 다음은 성숙한 판단력 못지않게 성실성은 리더에게 중요한 자질이다. 이것은 다른 사람과 공유하는 목표에 대한 정직성이고, 자신에게 맡겨진 일에 대한 책임감을 의미한다. 또한 리더가 변화를 민감하게 재빨리 감지할 수 있는 능력은 변화의 추이를 사전에 찾아 알맞은 시기에 대응하여 결과를 성공적으로 이끌 수 있다. 역시 조직의 성공은 리더의 창의성에 크게 기인한다. 리더가 문제해결을 위한 상상력을 얼마나 가지고 어떻게 발휘하는 지는 매우 중요하다.

이러한 자질을 갖춘 글로벌 리더는 앞에서도 언급한 것처럼 세계

68) 박내회, 『현대 리더십 이론』, (서울 : 법문사), 1987. pp. 358-361.

민주시민으로서 세계 변화를 읽어낼 수 있는 민첩성을 비롯하여 세계의 역사·정치·경제·사회·문화 등에 대한 폭넓은 '지식'과 외국인들과 소통할 수 있는 어학적 능력을 비롯한 정보처리 능력, 원만한 인간관계 기술, 구체적인 목표수립 능력, 조직화 능력 등이 요구된다. '가치' 측면에서는 세계시민적 사고방식과, 대한민국 국민으로서의 주체성을 견지한 상태에서 변화에 대응할 수 있는 능동성과 변화지향적인 가치관을 함께 지녀야 하며, 민주시민으로서의 자질을 갖추어야 한다. '태도' 측면에서는 세계 각국의 다양한 문화를 이해하고 수용할 수 있는 개방적인 태도와 실천하는 자세, 그리고 개인의 영달보다는 인류공동의 평화와 발전을 위해 일하고 노력하는 세계 민주시민 정신이 필요하다.[69]

연구 및 토의 방향

❑ 세계시민을 위한 준비

* 글로벌 지성(Global Intelligence: GI) 증진 방안
* Global Leader의 지식, 가치, 태도에 대한 생각
  - Global Leader의 아홉 가지 원칙

---

69) 이민희·윤철경·김안아, 『청소년 글로벌 리더십 프로그램 모형개발』, (문화관광부, 한국청소년개발원), 1999. pp. 121-124.

나의 '꿈'
(종강 수업노트에)

나는 누구인가, 나는 무엇을 하려고 하느냐,
나의 인생목표는, 내 삶의 목적은, 목적 있는 삶을 가고 있는가 등을
생각해보고 수업노트에 적어본다.
한 학기 동안 꿈을 구체화해 보며 발전된 나의 모습을 적어본다.

꿈은 명사가 아닌 동사이어야 한다.
노력은 언제나 결과를 만들어낸다.
축구보다 인성이 중요하다.

-손흥민-

보충과제

- 3-1 글로벌 파트너십(Global Partnership)
- 7-1 로렌스의 '섬을 사랑한 사나이'
- 10-1 인명구조 및 응급처치(인증 및 체험)

제 1 장 공동체와 세계시민의 모습

3-1 글로벌 파트너십(Global Partnership)

『글로벌 파트너십에 대한 이해를 바탕으로 지속가능 발전 목표(Sustainable Development Goals, SDGs)에서 글로벌 세계시민으로서 관심을 가져야 할 분야와 연계하여 관련 사례들을 연구한나.

글로벌파트너십 강화를 위한 글로벌 세계시민으로서 준비하고 갖춰나가야 할 부분이 무엇인지 창의적인 아이디어를 공유할 수 있도록 준비 한다. 세계시민으로서 UN이 설정한 지속가능 발전 목표(Sustainable Development Goals, SDGs)를 구현할 수 있는 글로벌파트너십 강화역량을 갖춰 나간다. 따라서 세계적 시야에서의 협력 관계 혹은 범지구적 제휴를 추진할 수 있는 나의 역량강화를 위해 어떤 분야에서 어떠한 방식으로 준비를 해야 할 것인지 관심 있는 분야에 대한 연구와 그 분야의 사례들을 중심으로 연구 및 토의를 한다.』

1. 글로벌 파트너십(Global Partnership)

글로벌 파트너 십(Giobal Partnership)이란 세계적 시야에서의 협력 관계 혹은 범 지구적 제휴라고 할 수 있다. 국가나 기업이 서로의 이익이나 발전을 위해 협업하는 관계 혹은 기업이나 국제기구가 협력하여 사회의 발전이나 자연 보존을 위해 협력하는 관계라고 할 수 있다. 때로는 '적과의 동침'도 마다하지 않고 서로의 이익을 위해 협력하고 협업하는 관계라고 할 수 있다. 글로벌 파트너십을 발휘하기 위해서는 글로벌 리더십과 봉사정신이 투철해야 하고, 국제협력기관에서 주어지는 프로젝트의 실행을 위한 사무적인 협업능력이 확보되어야 한다. 예를 들어 국제구호분야의 전문가가 되어 활동하려면 인내와 끈기 그리고 새로운 프로젝트에 대한 창조역량이 높아야 하며, 다양한 분야에서 자신의 건강한 신체와 능력을 바탕으로 현지인과의 소통이 가능하다면 더욱 좋을 것이다. 다양한 국가에서 활동 기회가 있으므로 자신의 능력을 바탕으로 협력 분야에 대한 상당한 어려움을 하나하나 해결하며 이끌어가는 리더십과 봉사정신이 투철하여야 함은 물론이겠거니와 국제협력기관에서 주어지는 현지 프로젝트의 실행을 위한 사무적인 능력도 키워야하고 팀 구성에 따라서는 해당 분야에서 실무적인 일을 많이 처리하여야 하므로 해당언어의 준비가 필요하며 전공 분야에 대한 자격과 실무경험이 있다면 이를 토대로 글로벌 파트너십 역량을 강화하여 다양한 분야에서의 활동을 할 수 있을 것이다. 생산 기술 현장에서도 글로벌 파트너십을 강화하기 위한 노력은 동시에 이뤄지고 있다. 급변하는 혁신에 뒤떨어지지 않기 위하여 "적(敵)과의 동침도 불사하라."는 말이 글로벌 세상의 생존 화두가 된지 오래다. 전 세계적으로 기업의 평균 수명이 짧아지면서 '개방형 혁신'과 '디지털 변혁'이 생존 열쇠로 급부상한 것이다. 초격차, 초경쟁 시대에 돌입한 글로벌 기업들이 생존경쟁에서 경쟁사나 다른 업종의 상대기업을 막론하고 다양한 기업들을 파트너로 삼아 인수합병(M&A)이나 전략적 제휴, 동행, 협력, 융합 등 오직 생존활로를 찾아 몸부림치고 있는 것이다.

2. 지속가능 발전(개발)목표(Sustainable Development Goals, SDGs)[70)]

지속가능 발전(개발) 목표(Sustainable Development Goals, SDGs)는 전 세계의 빈곤 문제를 해결하고 지속가능발전을 실현하기 위해 2016년부터 2030년까지 유엔과 국제사회가 달성해야 할 목표로서 UN에서 2015년에 채택된 의제이며, 유엔과 국제사회의 최대 공동목표다. 인류의 보편적 문제 (빈곤, 질병, 교육, 성평등, 난민, 분쟁 등) 와 지구 환경문세 (기후변화, 에너지, 환경오염, 물, 생물다양성 등), 경제 사회문제 (기술, 주거, 노사, 고용, 생산 소비, 사회구조, 법, 대내외 경제)를 2030년까지 이행하는 17대 목표, 169개 세부 목표, 230개 지표를 담고 있다.

17대 목표

1. 모든 곳에서 모든 형태의 빈곤 종식
2. 기아 종식, 식량 안보와 영양 개선 달성 및 지속가능한 농업 진흥
3. 모든 연령층의 모든 사람을 위한 건강한 삶 보장 및 복리 증진
4. 포용적이고 공평한 양질의 교육보장 및 모두를 위한 평생학습 기회 증진
5. 양성평등 달성 및 모든 여성과 소녀의 권익 신장

---

70) Global Compact Network Korea, Network of @UN, @GlobalCompactKR, 유엔 글로벌콤팩트 한국협회 : 지속가능발전목표(Sustainable Development Goals, SDGs)는 전 세계의 빈곤 문제를 해결하고 지속가능발전을 실현하기 위해 2016년부터 2030년까지 유엔과 국제사회가 달성해야 할 목표

6. 모두를 위한 물과 위생의 이용가능성 및 지속가능한 관리 보장
7. 모두를 위한 저렴하고 신뢰성 있으며 지속가능하고 현대적인 에너지에 대한 접근 보장
8. 모두를 위한 지속적이고 포용적이며 지속가능한 경제성장 및 완전하고 생산적인 고용과 양질의 일자리 증진
9. 회복력 있는 사회기반시설 구축, 포용적이고 지속가능한 산업화 증진 및 혁신 촉진
10. 국가 내 및 국가 간 불평등 완화
11. 포용적이고 안전하며 회복력있고 지속가능한 도시와 정주지 조성
12. 지속가능한 소비 및 생산 양식 보장
13. 기후변화와 그 영향을 방지하기 위한 긴급한 행동의 실시
14. 지속가능개발을 위한 대양, 바다 및 해양자원 보존 및 지속가능한 사용
15. 육상 생태계의 보호, 복원 및 지속가능한 이용 증진, 산림의 지속 가능한 관리, 사막화 방지, 토지 황폐화 중지, 역전 및 생물다양성 손실 중지
16. 모든 수준에서 지속가능개발을 위한 평화롭고 포용적인 사회 증진, 모두에게 정의에 대한 접근 제공 및 효과적이고 책임 있으며 포용적인 제도 구축
17. 이행수단 강화 및 지속가능개발을 위한 글로벌 파트너십 활성화

지속 가능 개발(발전)목표-SDGs의 특징은 개도국과 선진국 모두에게 적용되는 보편적 의제이며, 경제사회 환경을 포괄하는 변혁적

의제이고, 소외 및 취약계층까지 고려하는 포용적 의제이다. 유엔과 국제사회가 달성해야 할 목표의 구체적인 이행수단 및 강력한 후속 조치 평가 시스템까지 확보하고 추진하고 있다.

"청춘은 다시 돌아오지 않고 새벽은 하루에 한 번뿐이다."

7-1 비판적 세계시민주의

D. H. 로렌스 「섬을 사랑한 사나이」

『치열하고 뛰어난 문인·예술가, 시대를 앞서간 영성(靈性)의 탐험가, 생명 영혼 우주를 깊이 사유하고 체감한 종교인이자 사상가였던 데이비드 로렌스(David Herbert Lawrence 1885- 1930, 영국 소설가)의 「섬을 사랑한 사나이」를 통해서 '세계시민주의'와 폐쇄적 세계시민성을 가진 주인공 '캐쓰카트의 비극적인 삶'에 대한 생각을 정리해보고 세계시민주의를 중심으로 연구 및 토의를 실시한다.』

♣ 「섬을 사랑한 사나이」는

영국 본토에 정착하지 못하고 자신만이 지배할 수 있는 영토를 건설하기 위해서 세 개의 섬을 전전하다가 죽음에 직면하는 한 사나이에 대한 이야기임

주인공 캐스카트는 자기중심적인 엘리트로서의 도덕적 우월감을 가지고 있음. 캐쓰카트가 첫 번째 섬에서 경험하는 실패는 바로 그가 집착하는 공간적 세계관이 초래한 결과였다. 캐쓰카트의 태도는 우연한 사건마저도 판단의 대상으로 보는 극단적인 자기중심적인 사고를 보이며 첫 번째 섬을 포기하게 되는데 근본적으로 자신의 공간적 세계관과 자신의 자본에 적대적인 섬에 대한 항복하게 되는데 캐쓰카트의 비극적인 삶은 균등한 공간이라는 보편적인 기준으

로 세상을 보는 그의 공간적 세계관에서 초래된 것이었다. 그가 소유하고자 하는 공간이란 시간이라는 대립항을 전제로 하는 보수적인 개념으로 구체적이고, 역사적인 시간을 무시하고 균질한 공간으로 세상을 보려는 비판적 세계시민주의를 반영한 것이었다.

「섬을 사랑한 사나이」에서 로렌스는 세계시민주의의 철학적 기반에 대해 고찰하고 있는 바, 그 결과는 캐쓰카트의 비극적인 삶을 통해서 보여주고 있는 공간적인 세계관에 대한 비판이다. 공간이라는 보편적 기준으로 동일화된 세상을 바라보는 공간적 세계관의 종점은 바로 죽음이라는 것임. 비판적 세계시민주의는 균질한 공간으로 세상을 보려는 캐스카트의 공간적 사고방식은 19세기 영국제국주의자들의 식민지 세계관과 일치하는 제국주의 지배이데올로기가 된 칸트적 세계시민주의에 대한 비판적 시각에서 출발하였다.

세계시민주의는 글로벌 환경문제, 교육 및 인권문제, 소수자 문제 등 초국가적 이슈와 세계시민주의적 아젠다 등 탈 중심적인 행위자들의 자율성을 근간으로 한 국가를 넘어선 가장 넓은 인간사회를 대상으로 한 가치체계이고, 빈곤, 인권, 정의, 평등, 평화와 같은 가장 보편적 가치를 추구하며 국가주의의 한계를 극복하기 위한 대안으로 제시된 것이다.

1. D. H. 로렌스의 '섬을 사랑한 사나이' 연구71)

1926년 미국의 타오스에서 유럽으로 돌아온 로렌스는 건강상의 이류로 영국에 정착하지 못하고 이탈리아의 남부 카프리섬에 머물

71) 박시영, "D.H. 로렌스의 「섬을 사랑한 사나이」와 세계시민주의" D. H. Lawrence Studies. 제20권 제3호 (2012. 12), pp.1-14

게 된다. 그는 이미 1919년 12월말부터 1920년 2월말까지 이곳에 머문 적이 있으며, 19세기 이래 유럽의 귀족들과 문인들의 휴양지로 유명했던 카프리에서 영국인들을 포함한 유럽인들과 미국인들까지 섞여 있는 "조그만 세계시민들의 무리(a small brand of cosmopolitans)"를 만나게 된다. 이 당시 이 모임의 중심에는 스코틀랜드 출신 소설가 맥켄지(Compton Mackenzie)가 있었으며, 비록 이들 세계시민들의 가십 위주의 천박한 삶과 현지인들에 대한 자의적인 삶을 지적했지만 로렌스는 맥켄지와 친분을 쌓게 되어 이들의 관계는 그가 1926년 카프리섬을 다시 방문할 때 까지도 유지된다. 그러나 이들의 관계는 1927년 7월 『다이얼지』, 그리고 같은 해 8월 『런던 머큐리』지에 게재된 로렌스의 후반기 단편소설 「섬을 사랑한 사나이」 때문에 악화된다.

로렌스의 소설 「섬을 사랑한 사나이」는 영국 본토에 정착하지 못하고 자신만이 지배할 수 있는 영토를 건설하기 위해서 세 개의 섬을 전전하다가 죽음에 직면하는 한 사나이에 대한 이야기이다. 출판 당시부터 이 소설은 작가가 주변의 실제 인물들의 전기적 사실을 왜곡해서 작품화 했다는 이유로 비난을 받아왔는데, 이 소설의 주인공 캐쓰카트(Cathcart)의 실존 모델로 알려진 로렌스의 단편집 일부로 이 소설을 출판하려던 하이네만(Heinemman)사의 출판인 에반즈(Charles Evans)에게 출판금지령을 내리겠다고 위협했다(*Octave 6* 131). 맥켄지는 이소설의 주인공이 결코 그가 아니라는 로렌스의 항변을 무시하면서, 그 이유로 이 소설의 배경이 되는 세 개의 섬들이 모두 자신이 소유했던 영국해협의 두 개의 섬-힘(Herm)과 제투(Jethou), 그리고 스코틀랜드의 헤브리디즈제도에 속한 섬 바라(Barra)가 사진을 찍은 것처럼 묘사되고 있으며, 자신

은 희화화된 인물로 등장하고 있다는 사실을 지적했다.(*Octave 6* 131)[72)]

로렌스가 주변 인물들의 특징을 소설 속 인물묘사에 사용했다는 사실은 이미 『사랑하는 여인들』(Women in Love), 『아론의 지팡이』(Aron's Rod)등에서 증명된 바이다. 특히, 「섬을 사랑한 사나이」의 경우에는 처음으로 맥켄지가 위에서 언급된 영국해협에 위치한 두 섬의 임차인이 되었다는 소식을 듣고 로렌스가 1920년 9월에 보낸 편지를 상기시킨다. 이편지에서 로렌스는 언제인가 멕캔지를 "섬의 군주"(The Lord of the Isles, iii 594)로 희화해서 그리겠다는 농담을 하고 있다. 이 편지를 근거로 이 농담이 약 6년 후 작품에 영향을 준 것으로 이해할 수도 있지만 킨케드 윅스(Mark Kinkead-Weekes)도 주장했듯이 소설 속의 한 등장인물이라도 다양한 실제 인물듬을 바탕으로 만들어졌기 때문에 로렌스의 소설을 이해하기 위해 중요한 것은 이 인물들이 소설 속의 등장인물로 어떻게 재현되었는지를 살피는 일이다. 「섬을 사랑한 사나이」의 주인공 캐쓰카트라는 인물의 경우에도 맥킨지의 실제 삶을 반영하고는 있지만, 그 삶을 전반적으로 어떻게 다루고 있는지는 여전히 연구의 대상으로 남는 것이다.

앞의 사실을 증명하려는 시도를 제외한 이 작품에 대한 비평의 종류는 많지 않으나 그 해석은 다양하다. 예를 들면 이 이야기는 허무라는 실존의 문제에 직면한 20세기 로빈슨 크루소가 자본으로 자신만의 유토피아를 건설하려다 실패한 기록이나, 또는 내면적으로

72) 로렌스는 1926년 8월에 스코틀랜드를 방문하고, 헤브리디즈제도의 스카이섬(Isle of Skye)을 방문했는데 그 황량한 자연환경에서 근대화를 비켜간 과거를 간직한 장소로 기록하고 있다. 재인용 : 박시영, "D.H. 로렌스의 「섬을 사랑한 사나이」와 세계시민주의", p. 2.

성숙하지 않은 한 인간이 극지방을 정복하려는 탐험가처럼 극한적인 환경에 도전하는 영웅으로서 맞이하는 비극, 또는 이상적인 공동체와 지도자상을 모색하려했던 작가 스스로의 자기반성으로 이해되어 왔다. 그러나 이런 다양성에도 불구하고 이 소설의 핵심이 섬이라는 공간을 점유하려는 캐쓰카트의 지배의지와 이를 거부하고 어두운 과거를 위협적으로 드러내면서 캐쓰카트의 의지를 좌절시키는 섬 사이의 갈등 구조라는 점에 대해서는 동의를 할 것이다. 본 논문에서는 세계시민주의의 선두주자 맥켄지가 모델인 캐쓰카트를 중심으로 그가 섬이라는 공간을 소유하려는 동기와 운영 실패의 원인을 살펴보기 위하여 최근 글로벌리즘(Globalism)의 철학적 근원으로 칸트(Immanuel Kant)의 세계시민주의론을 비판한 하비(David Harvey)의 주장에 주목하고자 한다.

하비의 주장에 따르면 국경 등의 공동체간의 경계 문제를 해결하기 위해서 칸트가 제시한 전제조건은 모든 공동체에 보편적 기준으로 적용 될 수 있는 공동의 법으로 상정된 바로 공간이라는 개념이다. 즉, 구체적이고 상이한 개별 공동체들을 하나의 틀로 이해하고, 이런 인위적인 공통성에 기반을 두고 경계의 문제나 평등의 문제를 해결하려고 시도했다는 것이다. 이런 논의의 바탕에는 보편적이고 선행하는 공간(space)과 그 공간이 구획으로 나누어짐으로써 발생하는 구체적이고 개별적인 지역(place)이라는 구분이 자리잡고 있고, 칸트는 공간의 보편성을 주장하면서 개별적인 지역이라는 개념을 선행한다고 보았던 것이다.

하비가 주장하듯이 칸트의 보편적 공간이라는 개념은 뉴턴적인 사고의 절대시간과 대비되는 절대공간에서 출발한다. 즉, 보편적인 공간이론 비판은 로렌스의 「섬을 사랑한 사나이」를 세계시민주의의 철학적 정초에 대한 비판과 연결시킬 수 있는 지점을 마련해준다. 즉, 섬을 소유하려는 캐쓰카트의 태도는 바로 역사적인 시간을 무시하고 균질한 공간으로 세상을 보려는 세계시민주의를 실천하고 있는 것으로 볼 수 있겠다. 이런 맥락에서 「섬을 사랑한 사나이」에서 캐스카트가 점유하고자 하는 공간이란 시간이라는 대립항을 전제하는 보수적인 개념이며, 극복되어야 할 대상인 것이다.73)

「섬을 사랑한 사나이」에서 로렌스가 다루고자 하는 바가 세계시민주의의 철학적 정초에 대한 비판이라는 사실은 맥켄지부부를 모델로 삼아 같은 시기에 쓰여 진 그의 단편소설 「두 마리의 파란 새」(Two Blue Bird's)와 비교할 때 잘 드러난다. 로렌스가 1926년 다시 방문한 카프리 섬에는 영국해협의 섬-각각 힘(Herm)과 제투(Jethou)-에 정착해서 살고 있던 맥켄지 대신 그의 아내 페이쓰(Faith Mackenzie)가 머물고 있었고, 로렌스는 친분으로 인해 자연스레 그녀의 사교모임과 어울리게 된다. 맥켄지는 자신의 자서전 1926년 기록에서 자신의 아내인 페이쓰가 카프리 섬에서 휴양 차 머물던 로렌스와 같이 저녁식사를 했고, 그 자리에서 털어놓은 비밀을 로렌스가 곧 문학잡지에 단편소설로 게재했다고 비난했지만, 등장인물이 자신이나 페이쓰를 전혀 닮지 않았고 소설의 배경 또한

73) 「섬을 사랑한 사나이」에서 비판의 대상으로 제시된 공가과 달리 로렌스의 다른 작품에서는 물질적이면서도 감정적이며 인간 삶에 영향을 주는, 시간과 공간이라는 구분을 허용하지 않는 역동적이고 변화하는 공간에 대한 비평으로는 르페브르(Henri Lefebre)의 확대된 공간개념을 근거로 로렌스의 작품을 접근하고 있는 손영수와 하비에게노 르페브르의 공간이론은 시간 / 공간 이분화의 틀을 거부한 밴자민(Walter Benjamin)의 이론과 함께 칸트적인 공간을 부정하는 중요한 틀이다. 재인용 : 박시영, "D.H. 로렌스의 「섬을 사랑한 사나이」와 세계시민주의", p. 3.

전혀 다르다고 안심을 시켰다는 일화를 전하고 있다.

여기서 문제가 되는 소설은 로렌스가 1927년 4월 『다니얼』지에 게재한 단편소설 「두 마리의 파란 새」로 이 작품에는 맥켄지부부로 추정되는 지이부부(the Gee)가 등장한다(*The Woman Who Rode Away 363*).[74] 이 부부는 서로를 배우자로서 존경하지만 같이 살지는 못하고 남편은 영국에, 아내는 이탈리아로 추정되는 남쪽에 떨어져 자유롭게 살고 있는데 이는 맥켄지부부의 삶과 닮은 점이 있다. 이 소설에서 남편 되는 인물에 대한 여비서의 맹목적인 복종은 남편의 곁으로 잠시 돌아온 아내에게 거부감을 주고, 결국 이런 갈등 구조는 한 남성을 두고 벌어지는 두 여성간의 설전으로 끝나게 된다. 비록 맥켄지가 부정을 하기는 했지만 로렌스가 맥케지부부를 지이부부의 모델로 삼았다는 사실은 널리 받아들여지고 있으며, 지이부인의 유럽 남쪽에서의 생활은 바로 1926년 남편과 떠러져 카프리섬에서 자유로운 생활 - 이 소설에서 그려진 지이부인처럼 자유로운 연애를 포함한 -을 보냈던 페이쓰의 삶에 바탕을 둔 것으로 볼 수 있다. 이상에서 살펴 본 바와 같이 「두 마리의 파란 새」가 지이부부의 일상적인 인간관계를 철학적으로 조명하고 있는 반면에 「섬을 사랑한 사나이」는 시작부터 공간과 시간을 대립항으로 이해하면서 인간이 인식하고 있는 공간개념의 문제점을 제기하고 있다.

섬에서 태어났으나 자신의 세계로 만들 수 있는 섬을 원하던 주인공 캐쓰카트는 35세가 되던 해에 드디어 영구소유권은 아니지만 99년 동안의 임대차권을 얻어 섬을 소유하게 된다. 이는 맥켄지가

---

74) 지이 부부의 성인 '지이'(Gee)는 발음상 맥켄지(Mackenzie)의 '-지' 발음과 같다.

37세가 되던 1920년에 힘과 제투에 대한 60년 임대차권을 얻어 소유하게 된 사실에 바탕을 둔 것으로 작품 속의 섬이 주인공이 태어난 본국과 멀지 않다는 언급처럼 두 섬은 영국해협에 위치하고 있다.

그런데 여기서 주목할 부분은 첫 번째 섬에서 캐쓰카트가 원하는 바가 흔히 절해고도에서 혼자만의 세상을 꿈꾸는 낭만과는 다르다는 사실이다. 그가 원하는 것이 자신만의, 자신을 중심으로 움직이는 개인주의적인 세상이기는 하지만 다른 사람의 존재를 부정하는 것은 아니다. 오히려 캐쓰카트는 자신의 섬을 위해 필요한 사람들을 고용하고, 이들에게 "폭군"(tyrant)이 아닌 "섬세하고, 민감하며, 잘 생긴 주인나리"(a delicate, sensitive, handsome Master)로 대접 받는다. 비록 그는 자신이 주인임을 받아들이라고 강요하지는 않지만 모든 일을 면밀하게 감독하고 있으며, 또한 계몽된 주인으로 농장운영이나 운항기술 등에 대한 지식이 풍부하여 그 지식을 고용인들에게 나누어 준다. 하지만 이런 교류가 자신이 창조한 공동체의 구성원들과의 전면적인 소통을 의미하지는 않는다. 비록 민주적이고 계몽적인 주인으로 자신이 창조한 공동체가 완벽하고 모든 구성원이 행복하기를 원하지만, 캐쓰카트는 자신이 바로 이런 "행복과 완벽함의 근원"(the fount of happiness and perfection)이며 "지식의 근원"(a fount of knowledge about everything)이라는 자기중심적인 엘리트로서의 도덕적 우월감을 가지고 있다.

그러나 섬을 자신의 의지가 지배하는 공간으로 편성했다고 믿었던 캐쓰카트는 겨울이 다가오면서 섬이 자기로부터 멀어져간다고 느끼고, 급기야는 이 섬이 마치 "비에 젖은 개처럼 음울하게 웅크리고 있는 또는 자는 것도 깨어있는 것도 아닌 상태의 뱀처럼, 또아리를 틀고 있는 악의에 찬 영혼"(the resentful spirit coiled upon itself, like a wet dog coiled in gloom, or a snake that is neither asleep nor wake)임을 깨닫게 된다. 그리고 이어 자신의 섬이 아니라 "모두 지나간 밤들로부터 온 영혼들이 살고 있는 무한한 어둠의 세계"(an infinite dark world where all the souls from all the other bygone nights lived on)임을 알게 되는데, 바로 이 순간 캐쓰카트가 자신이 지배하는 공간으로 믿었던 점은 그 자체의 시간을 가지고 있는 존재로 나타난다.

낯설게도, 공간 속의 작은 섬으로부터 어둡고 거대한 시간의 영역으로 던져졌는데, 그곳에서는 절대로 죽지 않는 영혼들이 엄청난, 낯선 잡일들을 하느라 여기저기 다니고 갑자기 나타나기도 하는 것이다. 이 세상의 조그만 점이 마치 여정의 출발지처럼 무로 변했는데, 그건 너도 모르게 시간이라는 어둡고 가없는 신비 속으로 뛰어들었기 때문이고, 여기(시간)에는 엄청난 과거가 살아있고, 미래가 분리되어 있지 않다. 이것이 섬사람이 되는 것의 위험이다. 도시에서 하얀 각반을 차고 등골을 오싹하게 하는 죽음에 대한 공포 때문에 차량을 피할 때, 그때 너는 무한한 시간의 공포로부터 아주 안전하다. 이 순간은 시간 속의 너의 작은 섬이고, 그것은 내 주변을 빠르게 도는 공간의 세계인 것이다.

Strangely, from your little island in space, you were gone forth into the dark, great realms of time, where all the souls that never dieveer and swoop on their vast, strange errands. The little earthly island has dwindled, like a jumping-off place, into nothingness, for you have jumped off, you know not how, into the dark wide mystery of time, where the past is vastly alive, and the future is not separated off. This is the danger of becoming an islander. When, in the city, you wear white spats and dodge traffic with the fear of death down your spine, then you are quite safe from the terror of infinite time. The moment is your little islet in time, it is the spacial universe that careers round you.

위 인용문에서 독자들의 주의를 끄는 부분은 바로 공간과 시간의 대조이다. 즉, 캐쓰카트에게는 지배와 점유의 대상으로 여겨졌던 공간으로서의 섬이 겨울이 되면서 그의 지배의지를 거부하고 그 자체의 시간을 고집하기 시작했다는 것이다. 여기서 민주적이고 계몽된 주인으로서 섬을 칸트적인 절대공간으로 이해하고 지배하려는 캐쓰카트에 대한 로렌스의 비판은 누스바움(Martha Nussbaum)이 제시한 "세계시민적인 도덕성의 부활"(the revival of a cosmopolitan morality, Harvey 11)에 대한 하비의 비판과 맥을 같이 한다고 볼 수 있다. 누스바움은 글로벌리즘의 추악한 단면이라고 볼 수 있는 이라크 전쟁과 소위 '악의 축'에 대한 부시정권의 공격에 대한 반성으로 미국의 폐쇄적인 지역주의와 주변국가들에 대한 "지리와 생태계"(the geography and ecology) 및 이들의 전통과 관습에 대한 무지를 지적하면서 그 해결책으로 세계시민주의적인 교육을 제시했다.

하비는 누스바움이 대안으로 제시한 세계시민주의적인 교육이란 칸트가 계몽된 세계시민의 교육과정으로 강조한 과학적인 동시에 실용적인 학문으로서의 인류학과 지리학에 기반을 두고 있다고 지적한다. 하비의 주장에 따르면 근대과학으로서의 인류학과 지리학이란 그 역사적 기원이 "식민주의, 제국주의, 군국주의, 인종차별주의"(colonialism, imperialism, militarism, and racism)임이 증명되었고, 이들과의 직접적인 관계 때문에 학문으로도 심각한 타격을 입었다는 것이다. 하비의 비판은 누스바움이 주장하는 세계시민주의적 교육의 세계관을 향하고 있다. 그에 따르면 이 세계관은 스토아학파의 철학자들의 공간적인 사고방으로 나를 중심으로 하는 동심원으로 세상을 이해하면서, 가장 가까운 원으로는 직계가족, 그 다음부터는 확대가족, 이웃, 국가 등등으로 구성되었고, 마지막이면서도 가장 큰 원은 인류 전체인데, 인간으로서의 사명은 바깥에 위치한 원들을 중심인 자기 쪽으로 끌어들이는 일일 것이다.

이 공간적 세계관은 관념주의적 '초월'(transcendence)을 표현하기도 하는데, 들뢰즈(Gilles Deleuze)가 칸트의 초월적 사고의 문제점으로 지적하는 초월적 주체의 확장과 통일성 담지라는 세계관과 일치하는 것이다. 그리고 하비는 이런 공간적 세계관이 현실정치와 결탁할 때에는 재앙을 초래하는 바, 그 예가 19세기 제국주의 지배의 틀이 되었던 칸트의 지리학적 시각이다. 애초 칸트가 추구한 목표는 국제적인 평화시대와 보편적인 세계시민주의의 도래, 그리고 정치적인 자유는 물론 인간 내면세계의 해방으로 패권적인 지역주의나 일국 민족주의를 거부하는 진보적인 태도였다. 그러나 보편성을 근거로 하는 칸트의 공간적 사고방식은 다양한 지역에서 발전할 수 있는 대중들이 주체가 되는 민족주의가 그 자신의 주적이었던 절대주의 국가나 제국주의에 대항할 수 있는 해방적 기능을 가질 수 있다는 사실을 고려하지 못했다. 그 결과 칸트의 세계시민주의는 역설적으로 19세기 영국제국주의자들이 상이한공동체로 이루어진 거대한 인도를 하나의 지리학적인 정체로 파악하면서 이를 제국주의 지배를 위해 균등한 공간으로 이해하고 지도상으로 분할해서 지배할 수 있었던 이데올로기가 되었다. 철학적 태도와 현실정치는 명확히 구분되어야 하지만 「섬을 사랑한 사나이」에서 계몽된, 그리고 민주적인 주인 캐쓰카트의 공간적인 사고방식은 19세기 영국 제국주의자들이 식민지를 경영하던 세계관과 일치하는 것이라고 볼 수 있으며, 그의 섬 운영은 바로 식민지 경영의 축소판으로 이해할 수 있다. 이런 맥락에서 하비의 칸트 공간이론 비판은 로렌스의 「섬을 사랑한 사나이」를 세계시민주의 비판과 연결시킬 수 있는 지점을 마련해 준다. 민주적이고 계몽적인 주인인 캐쓰카트가 보이는 자기중심적인 엘리트로서의 도덕적 우월감과 섬을 공간으로 이해하는 태도는 바로 누스바움이 주장하는 세계시민주의 교육을 구현한 결과로 볼 수 있을 것이다

그리고 캐쓰카트가 자신의 공간적인 세계관이 무너짐을 느끼는 순간 경험하는 '무'와 '시간이라는 어둡고 가없는 신비'는 단순한 허무를 표현한 말이 아니라 공간적인 세계관이라는 이념적 틀이 부정되는 순간을 의미한다고 볼 수 있다. 공간적인 세계관이 무너진 순간 캐쓰카트가 인식하는 '무'와 '시간이라는 어둡고 가없는 신비'는 칸트적 공간적 세계관이 말살하려한 가 공동체의 역사 및 집단의 기억의 응징이라고 볼 수 있다. 이런 맥락에서 캐쓰카트가 경험하는 "신비로운 느낌"(mysterious feelings)은 공간적 세계관에 의해 말살된 과거-고대, 중세, 종교개혁기 등에 대한 두려움을 표현한 말이라고 볼 수 있다.[75]

75) 맥켄지는 험과 함께 소유하게 된 제투섬의 역사를 언급하면서, 이 섬이 박커스(Bacchus)신을 숭배하던 여인들이 모여 의식을 치렀던 곳이고, 중세기에는 노르만족의 수장 롤로(Rollo the Norman)가 자신의 조타수였던 로날드

어둠 속에 누워 있다가 그는 심지어 공간과 낮의 영역에서도 낯설게 보이던 산사나무 수풀이 밤에는 제단 돌 근처에서 볼 수도 없는 종족의 늙은이들과 함께 울고 있는 것을 낯설게 깨달았다. 낮에는 너도밤나무 아래 폐허였던 것이 뭐라 표현할 수 없는 밤에는 십자가형을 당해서 피 칠갑을 한 사제들이 신음하는 소리가 되었다. 거친 바위들 사이의 동굴과 감춰진 해변이 볼 수 없는 어둠 속에서는 파랗게 입술이 질린 해적들의 저주가 되었다.

He was uncannily aware, as he lay in the dark, that the blacktorn grove that seemed a bit uncanny even in the realm of space and day, at night was crying with old men of invisible race, around the altar stone. What was a ruin under the hornbeam trees by day, was a morning of bloodstained priests with crucifixes, on the ineffable night. What was a cave and a hidden beach between coarse rocks, became in the invisible dark the purple-lipped imprecation of pirates.

위 인용문에서 반복적으로 사용되고 있는 'invisible' 또는 'ineffable'이란 말은 기존의 이념 틀, 특히 캐쓰카트의 공간적 세계관을 거부하는 세계를 표현하고 있다. 이런 맥락에서 위 인용문에 사용되고 있는 'uncannily' 또는 'uncanny'라는 표현은 단순히 심리적으로 낯선 상태를 표현하는 말이 아니라 존재하기 위해 세상을 바라보던 틀이 무너져내린, 그래서 열린 공간을 의미하는

(Ronald)에게 하사를 했고, 종교개혁 시기에는 건지(Guernsey) 섬의 총독이 가톨릭교도를 학살한 현장이라고 기록을 남기고 있음.

'unheimlichkeit'의 상태를 표현하고 있다고 볼 수 있다. 영어로 'home'을 의미하는 독일어 'heim'이란 말에 부정어 'un-'을 부가하여 일상적 규범에서 일탈한 상태를 표현하는 이 말은 셸링(F. Schelling), 프로이드(S. Freud), 하이데거(M. Heidegger) 등에 의해 다양하게 사용되어 왔는데, 칸트의 공간적 세계관에 대한 로렌스의 비판과 관련해서 주목할 바는 이 말에 철학적인 의미를 부여한 하이데거의 정의이다. 하이데거는 '집에 있는 상태'인 'heimlich'를 진실된 존재가 드러남을 감추는, 방해하는 상태로 이해하며, 'unheimlich'는 진실한 존재를 감추는 사고의 틀이 무너진 또는 부정된 열린 공간으로 이해한다. 여기서 우리가 주목할 바는 로렌스가 사용하고 있는 우화라는 느슨한 서사 틀이다. 위 인용문에서 드러나듯이 서술구조인 우화가 사용되고 있으나 이를 통해 현대문명의 철학적인 문제점에 접근하려는 노력은 1920년대 후반에 쓰여진 로렌스 작품의 특징이다. 「섬을 사랑한 사나이」에서 로렌스는 이 틀을 이용하여 세계시민주의의 공간적 세계관에 대한 철학적인 조망을 제시하고 있는 것이다.

그러나 진실된 존재를 향해 열린 공간인 'unheimlichkeit'의 상태를 피하기 위해 캐쓰카트가 선택하는 것은 자본 투자와 경영에 집중함으로써 "물질적인 섬"(material island)을 다시 자신의 파라다이스로 돌려놓는 일이다. 캐쓰카트의 물질주의적 태도는 자신의 내면과 직면하기를 거부하고 전면적인 접촉으로 통해서만 가능한 인간들과 또는 세상과의 관계를 돈으로 대체해보려는 시도인 것이다. 그런데 캐쓰카트의 이런 물질주의적인 태도는 자본 축적이 목적이 아닌 섬을 "진짜 완벽한 작은 세상"(a minute world of pure perfection)으로 만들려는 의지의 결과물이다. 그리고 그에게 완벽한 세상이란 "자신만의 우아하고, 만개한 꽃 같은 자신의 영혼으로 가득 찬"(all filled with his own gracious, blossom-like spirit) 곳이다. 여기서 캐쓰카트가 이해하는 완벽이란 말에 공간적인 세계관을 반영하고 있다는 사실이 더 분명해진다. 그에게는 '나'를 중심으로 바깥에 위치한 원들을 끌어들임으로써, 즉 균등화, 동일화를 통해 이루어진 세상이 완벽하고 행복한 세상인 것이다.

이런 맥락에서 캐쓰카트가 첫 번째 섬에서 경험하는 실패는 바로 그가 집착하는 공간적 세계관 초래한 결과이다. 첫 번째 섬의 자연은 캐쓰카트의 의지를 따르는 동질화 된 공간으로 편입되길 거부하고 결국 점점 늘어가는 운영비에 비해 줄어드는 수입으로 그는 재정 감축을 해야하는 데 그의 집착 때문에 초래될 비극의 전조가 생기기 시작한다.

바로 다음날 농장 심부름꾼 아이가 암소 한 마리가 절벽에서 떨어졌다는 말을 와서 전했다. 주인나리는 보러 갔다. 그가 그다지 높지않은 절벽 아래를 내려다봤더니, 약간 핀 늦은 싸리나무 꽃 아래 녹색 돌출바위 위에 죽어 누워있는 소를 보았다. 아름답고, 비싼 동물인데, 이미 몸이 부풀어 올라와 있었다. 얼마나 바보람, 쓸데없이 절벽에서 떨어지다니.

The very next morning came the farm-boy to say that a cow had fallen over the cliff. The master went to look. He peed over the not very high delivity, and saw her lying dead, on a green ledge under a bit of late-flowering beoom. A beautiful, expensive creature, already looking swollen. But what a fool, to fall so unnecessarily.

첫 번째 섬에서 앞으로 일어날 불미스러운 사건들의 징조로 파악하는 이 사고를 보는 캐쓰카트의 태도는 우연한 사건마저도 판단의 대상으로 보는 극단적인 자기중심적인 사고이다. 위 인용문의 "unnecessarily"라는 말은 이 태도를 잘 전달하고 있다. 이 사건을 발단으로 시작된 일련의 사건들은 캐쓰카트의 섬 경영을 어렵게 만들고 결국 그는 5년 반까지 버티다가 첫 번째 섬을 포기하게 된다. 이 포기의 이유는 재정적인 어려움이 직접적인 원인이지만, 근본적으로 자신의 공간적 세계관과 자신의 자본에 적대적인 섬에 대한 항복이다. 그러난 캐쓰카트는 자신의 세계관을 포기하고 본토로 돌아가지 않고, 자신의 의지를 관철시킬 더 적절한 공간을 찾는데 바로 두 번째 섬이 등장하는 이유이다.

캐쓰카트의 두 번째 섬은 첫 번째 섬보다 규모가 훨씬 작고, 따라서 일할 사람도 적게 필요한 섬이다. 더욱이 이 두 번째 섬에는 첫 번째 섬과는 달리 인간의 과거 역사가 없는 곳이고 마치 뿌리를 내리고 사는 해초처럼 조용하고, 부드러우며, 절규하지 않는 존재여서 캐쓰카트는 드디어 영혼의 편안함을 얻게 된다. 규모나 구성의 다양성면에서 더 단순해진 이 공간은 일견 캐쓰카트가 자신의 공간적 세계관을 쉽게 강요할 수 있는 듯하나, 또한 그만큼 '무'의 세계와 더 가까운 곳이어서 여기서 벌어지는 일들은 직접적으로 영향을 준다. 그 예가 캐쓰카트가 이 두 번째 섬에서 관계를 맺는 플로라(Flora)와의 관계로 이들의 관계는 사랑이 아닌 기계적이고 반사적인 성적 관계이다. 그는 이런 기계적인 성관계를 통해서 자신의 욕망조차 소진할 수 있다고 믿음으로써 순수하게 완벽한 공간을 꿈꾸지만, 그가 경험하는 것은 내적인 죽음이며 자신이 원하는 순수한 공간도 성취하지 못한다. 이 두 번째 섬의 생활은 캐쓰카트의 공간적 세계관이 물질적인 공간을 넘어 남녀관계에도 확대, 적용됨으로써 초래되는 비극을 그리고 있다. 비록 자신도 성의 신비로운 힘에 대해 인식을 하고 있지만, 남녀라는 두 개체 사이에 존재하게 되는 역동적인 욕망의 힘을 수용할 수 없어 그는 이 두 번째 섬마저 떠나야 한다.

인간의 욕망마저 배제된 순수한 공간을 꿈꾸는 캐쓰카트에게 주어진 마지막 기회는 경매를 통해 소유하게 된 북쪽의 아주 작은 무인도이다. 맥켄지가 영국해협의 힘과 제투를 떠나 거주한 스코틀랜드의 헤브리디즈 제도에 속한 섬 바라(Barra)를 연상시키는 이 섬에서 캐쓰카트는 혼자만 거주하게 된다. 야생화는 동물들과 야생동물들만 존재하는 이곳은 언뜻 캐쓰카트가 원하는 순수한 공간이지만, 이 공간은 역설적으로 인간의 존재를 부정하는 곳이다. 즉, 어느날 이 섬으로 배를 타고 온 두 방문객들은 캐쓰카트에게 침입자이고, 이들에게서 발견한 인간세상의 흔적은 자신의 순수한 공간을 해치는 위협요소로 인식되는 것이다. 동질화된 수수 공간을 추구하려는 캐쓰카트의 시도는 역으로 자신의 존재 자체를 부정하게 되는 결과를 낳게 되고, 그가 이 세 번째 섬에서 맞이하게 되는 비극적인 인식은 자신이 추구한 공간적 세계관의 끝은 결국 인간성을 부정하고 모든 것이 자연의 요소들만 남은 세상이라는 점이다. "자연의 요소들! 자연의 요소들! 그는 마음속으로 이 말을 멍하게 되뇌었다. 자연의 요소를 이길 방법은 없는 것이다."(The elements! The elements! His mind repeated the word dumbly. You can't win against the elements!) 그리고 이 비극적인 인식과 함께 그는 자신의 존재를 위협할 눈보라가 다가오고 있는 검게 변해가는 하늘에 노출된다.

「섬을 사랑한 사나이」에서 로렌스가 제시하고 있는 캐쓰카트의 비극적인 삶은 균등한 공간이라는 보편적인 기준으로 세상을 보는 그의 공간적 세계관에서 초래된 것이다. 그가 소유하고자 하는 공간이란 시간이라는 대립항을 전제하는 보수적인 개념으로 구체적이고, 역사적인 시간을 무시하고 균질한 공간으로 세상을 보려는 세계시민주의를 반영하고 있다. 이미 로렌스는 국가통제에 대항 하는 시민의식, 인종/문화 간의 갈등, 국가 간의 경계를 부단히 넘나드는 이동 등의 문제들을 고민하면서 자신의 대표적인 저작 속에서 다루었다. 예를 들어 『연애하는 여인들』(*Women in love*), 『아론의 지팡이』(*Aron's Rod*), 『누운 씨』(*Mr. Noon*)에서 등장하는 세계시민 공동체에 대한 반성적 고찰은 작가 스스로의 삶이나 주변 사람들의 일상적인 삶에서 구체적으로 드러난 세계시민주의의 문제점을 조명하고 있다. 이에 반해 「섬을 사랑한 사나이」에서 로렌스는 세계시민주의의 철학적 기반에 대해 고찰하고 있는 바, 그 결과는 캐쓰카트의 비극적인 삶을 통해서 보여주고 있는 공간적인 세계관에 대한 비판이다. 로렌스의 20세기 초의 세계시민주의 비판과 칸트 비판은 오늘날에도 누스바움과 같은 철학자들이 글로벌리즘에 대한 대안으로 제시하는 세계시민주의적인 교육을 반성적으로 접근 할 수 있는 계기를 마련해준다. 즉, 공간이라는 보편적 기준으로 동일화된 세상을 바라보는 공간적 세계관의 종점은 바로 죽음이라는 것이다.

제 2 장 세계위험사회의 도전

10-1 인명구조 및 응급처치

『전 지구적 문제로 대두되고 있는 재난재해 현장에서 생명을 위한 인명구조 및 응급처치에 대한 사례를 찾아보고 세계시민으로서 그것을 극복하고 더불어 살아갈 수 있는 방안에 대해 연구 및 토의를 실시한다.』

1. 인명구조 및 응급처치

세계시민으로서 재해재난 상황시 응급처치(emergency treatment, Not fall Behandlung)와 심폐소생술(cardiopulmon aryresuscitation)은 숙지·숙달하고 있어야 한다. 즉 심장과 폐의 활동이 멈추어 호흡이 정지되었을 경우에 실시하는 응급처치이다. 심폐소생술은 심장과 호흡이 멈춘 지 4분 이내에 시작하면 살아날 가능성이 높다. 기적의 4분. 시간이 갈수록 뇌가 손상되어 사망하게 된다. 시간에 따른 환자의 상태는 다음과 같다. ① 0~4분 : 소생술을 실시하면 뇌손상 가능성이 거의 없다. ② 4~6분 : 뇌 손상 가능성이 높다. ③ 6~10분 : 뇌 손상이 확실하다. ④ 10분 이상 : 심한 뇌 손상 또는 뇌사상태가 된다.

따라서 글로벌 공동체의 세계시민으로서 갖춰야 할 소양으로 인명구조(life saving), 응급처치(emergency treatment)요령, 심폐소생술(cardio pulmonary resuscitation, 心肺蘇生術) 등을 행동으로 실천할 수 있도록 항상 준비되어 있어야 한다.

응급처치의 중요성

심장 정지 상태도 초기 응급처치인 기본 심폐소생술과 전문가에 의한 전문 심장소생술을 실시하게 되면 43%의 생존율을 나타낼 수 있으나 10분만 늦어져도 거의 모두가 사망에 이르게 되니 기적의 4분 심폐소생술은 한 사람의 생명을 살리는 중요한 일이다. 몇 가지의 응급 처치법을 알고 있다면 위급한 상황에서 환자가 의료진의 도움을 받기 전에 즉각적이고 적절한 조치를 취함으로써 환자의 고통을 덜어주고, 상처의 회복을 빠르게 해줄 수 있을 뿐 아니라 생명까지도 구할 수 있는 것이다. 호흡정지 후 4분이 경과하년 뇌세포 파괴가 시작되기 때문에 최초 4분내 심폐소생술(CPR) 처치가 중요하다. 6분이 경과하면 뇌세포 파괴가 심각해지고 10분이 경과하면 뇌사가 시작된다.

* 심폐소생술(CPR)이란? 정지된 심장을 대신해 심장과 뇌에 산소가 포함된 혈액을 공급해주는 매우 중요한 응급처치로 가슴압박 30회, 인공호흡 2회를 무한 반복한다.

호흡 또는 심장 정지 발생 후 4~6분이 지나면 뇌에 혈액 공급이 끊기면시 뇌 손상이 급격히 진행 된다. 심장이 정지된 후 6분 안에 응급조치를 받으면 생존율이 3배 가까이 높아지기 때문에 다음 순

서대로 즉각적인 심폐소생술을 시행해야 한다.

1. 심정지 확인
2. 119신고 및 도움 요청
3. 가슴 압박 30회
4. 기도 유지 후 인공호흡 2회
5. 무한 반복

가슴압박 30회 시행은 양팔을 쭉 편 상태로 체중을 실어서 환자의 몸과 수직이 되도록 가슴을 압박하고, 양쪽 어깨 힘을 이용하여 분당 100-120회의 속도로 5-6cm 이상 깊이로 강하고 빠르게 30회 눌러(압박) 준다. 가슴압박을 하면서 인공호흡을 병행하는데 119도착이나 제세동기 도착 및 패드 부착 시까지 가슴압박과 인공호흡의 시행비율은 가슴압박 30회, 인공호흡 2회로 번갈아서 시행한다. 심폐소생술을 지속하는 동안 환자가 스스로 숨을 쉬거나 움직임이 명확할 때 심폐소생술을 중단할 수 있다.

선의의 응급의료에 의해 발생한 신체적, 재산상 피해 시 응급의료에 관한 법률 제5조 2항에 "선한사마리아인 법[76]" 이라고 하는 법률 조항에 의해 선의의 응급의료에 의해 발생한 피해를 보호 받을 수 있다.

자동심장충격기 사용요령을 숙지한다.

(AED, Automated External Defibrillator, 자동심장충격기)

76) 선한 사마리아인 법 : 고통 받는 사람을 기꺼이 도와주기 위하여 즉 도덕적 의무를 이행하다가 예기치 않은 피해가 발생하더라도 고의나 중대한 과실이 없을 경우에는 민·형사상 책임을 면제 하는 것

별 첨

- 별첨# 1 수업노트("예")
- 별첨# 2 임무분담표 양식("예")
- 별첨# 3 팀토의 결과지 양식("예")

별첨1 수업노트 (예)

년 월 일 제 ○○교시 전공 학번 ○○○○○ 이름 ○○○

나의 꿈	
수업의 핵심내용	
수업을 통해 느낀점	
나의 생각	

※ 수업노트는 학생 자신의 것이다. 수업을 완전한 나의 것으로 만들어 가기 위한 작은 노력을 매시간 정리해서 e-강의동에 올린다.

별첨2 임무분담표 양식 (예)

제 교시 팀 토의 과제별 임무분담표 (팀명 :)

순서	과 제	구분	팀장 (이름/hp)	부팀장	총무
1	#1.공동체 정신과 세계시민의 자질	토의/발표			
	#2.배려와 나눔정신		팀원 상호연락처	팀원 상호연락처	팀원 연락처교환
2	#3.인류보편적가치 '인권'	토의/발표			
	#4.세계인권선언문				
3	#5.인류보편적가치 '정의'	토의/발표			
	#6.글로벌파트너십		토의 없음	-	-
4	#7.다문화사회 -다원적 가치에 대한이해	토의/발표			
5	#8.세계시민주의, 열린민족주의	토의/발표			
	#9.세계시민주의 (로렌스의 섬을 사랑한 사나이)	소개	토의 없음	-	-
6	#10.글로벌 전쟁과 테러	토의/발표			
7	#11.인류보편적가치 '평화'	토의/발표			
8	#12.글로벌 재해, 재난	토의/발표			
9	#13. 응급처치절차, AED사용요령	소개	토의 없음	-	-
	#14.지구온난화 문제	토의/발표			
10	#15.글로벌 난민문제	토의/발표			
	#16.글로벌 에너지문제				
11	#17.글로벌 식량문제와 빈곤문제	토의/발표			
12	#18.GI증진방안1~10 #19.GI증진방안11~20	토의/발표			
	#20.글로벌 리더의 모습				

* 학기를 시작하면서 모든 주제에 대한 개인 임무를 설정한다.
* 팀장은 팀원들이 돌아가면서 임무를 수행하면서 주제에 대한 사전 연구를 하여 팀원들의 토의 참여를 유도하고 토의를 진행한다.

별첨3 팀토의 결과지 양식 (예)

(월 일) 제( )분반 ( )팀 토의 결과지 팀명 :

토의주제	
참여자 이름	
토의내용	
토의결과	
시사점 및 제언	

* 임무분담표에 편성된 개인임무에 의해 준비된 개인 연구결과를 팀원들에게 발표하고 토의한다.
* 토의에 실질적으로 참여한 팀원 이름만 기록한다.
* 토의의 결론을 도출하기 위한 노력, 토의결과가 우리 공동체에 던지는 여러 가지 시사점을 기재하여 e-강의동에 제출한다.

참고문헌

1. 국내문헌

1) 단행본

계명대학교 출판부, 『글로벌 시티즌십 Global Citizenship』, 대구: 계명대학교 출판부, 2016.

김경수, 『생각과 체험이 살아있는 인성교육』, 강현출판사, 2015.

김수중 외, 『공동체란 무엇인가』, 이학사, 2002년

박병상, 『세계시민 수업-식량 불평등』, 서울 서대문: 도서출판 풀빛, 2016.

박진숙, 『세계시민 수업-난민』, 서울 서대문: 도서출판 풀빛, 2016.

백형찬, 『글로벌 리더-세계무대를 꿈꾸는 젊은이들이 알아야 할 아홉 가지 원칙』, 경기파주 : ㈜살림출판사, 2014.

이용필 편, 『세계화과정에서 공동체주의 이념과 국가』, 도서출판 신유, 2002.

이필렬, 『세계시민 수업-석유에너지』, 서울 서대문: 도서출판 풀빛, 2016.

정수복, 『시민의식과 시민참여』, 서울: 도서출판 아르케, 2002.

넬 나딩스(Nel Noddings), 김현숙 외 연세기독교교육학포럼 옮김, 『세계시민의식과 글로벌 교육』, 서울 송파: 도서출판 학이당, 2009.

마크 게이어존(Mark Gerzon), 김영규 옮김, 『당신은 세계시민

인가』, 서울마포: 도서출판 에이지21, 2010.

大塚久雄 저, 이영훈 역, 『공동체의 기초이론』, 돌베개, 1982년

R. M. Kanter 저, 金潤 역, 『공동체란 무엇인가 - 사회학적 시각에서』, 삼설당, 1983.

2) 논문

김지현, 손칠성, "세계시민주의, 공동체주의, 자유주의", 「시대와 철학 제20권 2호」, 2009.

김진희, "2015 세계교육포럼과 글로벌 의제로서 세계시민교육 고찰" 「교육정책포럼 통권263호」, 2015.

노형진, "네덜란드에서의 세계시민교육 동향", 「교육정책포럼 통권263호」, 2015.

문성학, "공동체적 자유주의와 세계시민 윤리 : 애국심의 문제를 중심으로", 「대한철학회 논문집 - 철학연구 제125집」, 2013.

박성현, "세계시민교육 선도교사 활동 사례를 통해 본 우리교육의 방향"-제비를 통해 배우는 지역의 지속가능한 자연과 환경-「교육정책포럼 통권263호」, 2015.

오현철, " 왈쩌의 복합평등론과 다원적 공동체주의", 2005.

윤노아, 최윤정, "한국 사회과교육에서의 세계시민교육 관련 경험적 연구 분석 1993-2015", 「사회과 교육 54권 4호」, 2015.

이금연, "세계시민교육 주요 지원정책"-교육청 사례를 중심으로-, 「교육정책포럼 통권263호」, 2015.

이정우, "세계시민교육의 현황과 과제"-2009 개정 교육과정과

세계시민교육-, 「교육정책포럼 통권263호」, 2015.

장용석, 조문석, 정장훈, 정명은, "사회통합의 다원적 가치와 영향요인에 관한 탐색적 연구 : 국가주의, 개인주의, 공동체주의, 세계시민주의를 중심으로", 「한국사회학 제46집 5호」, 2012.

허영식, "왜 세계시민교육인가", 「교육정책포럼 통권263호」, 2015.

홍기빈, "신자유주의, 이념인가? '글로벌 스탠더드'인가? : 민주적 공동체의 복원을 위하여", 2006.

홍윤기, "연대와 사회결속 : 연대의 개념, 그 규범화의 형성과 전망", 2011.

마이클 아담스(J. Michael Adams, 미국 페어레이디킨슨 대학교 총장), "세계시민교육: 국제공동체 안에서의 교육의 역할", 「시민과 세계」,(참여사회연구소, 2014년 하반기 25호), 2014.

2. 참고자료

1) 게마인샤프트 [Gemeinschaft]

게마인샤프트[Gemeinschaft]는 독일의 사회학자 F.퇴니에스가 게젤샤프트(이익사회)에 대치하여 사용한 사회의 범주개념으로 공동사회(共同社會)라고 번역한다. 퇴니에스의 주장에 의하면 게마인샤프트란, 선택의지(Krüwille)와 상대되는 본질의지(Wesenwille)에 입각한 사람들의 목적적·전인격적(全人格的) 결합체를 의미한다.

본질의지란, 사고작용보다 의지의 작용이 지배적인 것으로, 구체적으로는 공감(共感)·습관·요해(了解) 등으로 나타나고, 또 그 복합적·사회적 형태는 일체성(一體性)·관습·종교 등으로 구체화된다. 이와 같은 본질의지에 따른 사람들의 결합관계는 감정적이고, 또 매우 긴밀한 성질을 가진다.

감정의 대립이나 증오와 같은 분리적 요소를 가지면서도, 본질적으로는 사람들이 항상 결합해 있는 사회를 게마인샤프트라고 말하는 이유도 바로 그 점에 있다. 퇴니에스는 게마인샤프트를 생명발전의 식물적·동물적·인간적 3단계에 대응시켜 피[血緣]의 게마인샤프트로서의 집(Haus), 땅[地緣]의 게마인샤프트로서의 마을(Dorf), 마음[心緣]의 게마인샤프트로서의 도시(Stadt)를 들어 이 3가지가 게마인샤프트 시대에 있어서의 발전단계를 나타낸다고 하였다.

전통이나 관습·종교가 강력히 지배하고, 정서적 일체감 속에서 사람들이 융합적으로 생활하고 있는 게마인샤프트는 폐쇄적인 작은 사회에서 성립되고 지속될 수 있으며, 사회가 확대되고 개방됨에 따라 게젤샤프트 시대로 이행하게 된다.

2) 게젤샤프트 [Gesellschaft]

게젤샤프트[Gesellschaft]는 계약에 의해 이뤄진 인위적이고 이해타산적인 이익사회로서 퇴니에스는 구성원의 결합의지에 따라 게마인샤프트(공동사회), 게젤샤프트(이익사회), 게노센샤프트(협동사회)로 집단을 구분하였다. 이 중에서 게젤샤프트(Gesellschaft)는 서로 같은 이익이나 목적을 달성하기 위하여 선택의지에 의해 개방적으로 결합된 인위적 사회이다. 선택의지(krwille)란 사고작용을 지배적으로 이용하는 의지, 즉 이성에 의한 의지를 말한다. 이러한 사회형태는 협상 · 정치 등에 의해 유지되고, 이러한 형태의 결합은 구성원들 간의 공동의 관심이 있으며 서로 간의 만족할 만한 거래가 있어야 가능하다. 또한 이런 식의 결합은 이런 조건들 때문에 매우 취약하고 쉽게 무너질 수 있다. 이해관계에 따라 구성원 간의 긴장이 발생할 수 있고, 개인의 소외를 초래하기 쉽다. 회사, 정당 등이 여기에 속한다.

게젤샤프트는 분류의 기준을 인간의 의지에 구하고 이것을 본질의지와 선택의지로 나누고 전자에 근거한 결합을 공동사회, 후자에 근거한 결합을 이익사회라 명명했다. 선택의지란 개인이 자기의 목적을 달성하기 위해 특수적, 부분적, 공리적으로 결합하는 사회적 관계이며 흡사 상인의 상거래에서 보는 교환이나 매매, 계약이나 규칙의 관계에 비유된다. 여러 가지 결합에도 불구하고 본질적으로는 분리되어 있는 관계라 할 수 있다. 이익사회개념은 19세기의 산업문명의 급속한 개발에 영향을 받아 메인(Sir Henry Maine)의 신분과 계약을 비롯해서 스펜서, 뒬케임 등의 유형개념과도 조응하고 있는 것에 주의해야 할 것이다.

즉 Cesellschaft는 결합의 동기가 어떤 목적·의도·이해관계 (利

害關係)에 있고, 운명적으로 성원이 되기 보다 성원들의 선택의지 (Kürwille)에 의하여 이루어지는 사회로서 예컨대 주식회사를 비롯한 근대 산업사회의 각종 집단들이 그것이다. 공동사회와는 달리, 본 질적으로 볼 때 여기서는 사람들이 결합되었다기보다 분리되었다고 함이 적절하다. 왜냐하면 여기서는 사람들은 형식적으로는 결합하고 있지만 이해관계를 초월하여 남에게 회생하는 일이 없기 때문이다. 사람들은 고독하고 남에게 때하여 긴장관계 속에 있다. 조건 없는 것은 하나도 없고 반대급부나 답례를 전제로 하는 사회이다.

이것은 단순한 사회구분의 논리적 범주일 뿐만 아니라 사회의 역사적 고찰의 원리로 사회는 공동사회 시대로부터 이익사회의 방향으로 변화한다고 본다.77)

3) [共同體主義, communitarianism]

개인의 자유를 중시하는 전통적인 자유주의와 개인의 책임을 강조하는 보수주의의 입장을 절충한 중도주의를 말한다. 에치오니(A. Etzioni) 등이 주창하는 공동체주의는 자유주의와 달리 개인의 자유보다는 평등의 이념, 권리(right)보다는 책임(responsibility), 가치중립적 방임보다는 가치판단적 담론을 중시한다. 공동체주의는 근대 개인주의의 보편화에 따른 윤리적 토대의 상실, 즉 고도산업사회화에 따른 도덕적 공동체의 와해와 이기적 개인주의의 팽배에 의한 원자화 등의 현상에 대한 불만의 이론적 표출로 볼 수 있다.

---

77) 이철수 외, 『사회복지학사전』, Blue Fish 2009. pp. 358-361.

4) 지역이기주의 [地域利己主義]

요약자기 지역의 이익만을 고집하는 현상.

이기성을 보이는 이익적 요구의 주체와 해당 정책문제의 처리주체가 누구이냐에 따라 대체로 3 가지 형태로 유형화할 수 있다. ① 주민과 지방자치단체 및 중앙정부 간의 갈등, ② 지방자치단체와 중앙정부 간의 갈등, ③ 지방자치단체 간의 갈등이 그것이다.

한국에서도 지방의회가 부활되면서 지방의회를 중심으로 지방자치단체가 중앙정부나 다른 지방자치단체를 상대로 갈등을 유발하는 경우가 증가하고 있고, 자치단체가 지역주민과 연계하여 집단이기적 요구를 하는 경우도 발생하고 있다. 자치권의 확대와 함께 이러한 양상이 더욱 증가할 전망이다. 지역이기주의의 발생원인으로는 정치와 행정에 대한 불신과 상호 의사전달 체계의 부재, 정책담당자의 조정능력 미비, 주민의 지나친 이기심 등을 지적할 수 있다. 아울러 공동체 의식의 약화나 정치권력의 통제성 약화 등의 거시적 환경요인들도 지적될 수 있다. 핵폐기물처리장·하수종말처리장·쓰레기매립장·시립화장장 등을 자신들이 살고 있는 지역에 유치하는 것을 반대하는 주민과 중앙정부 및 지방정부와의 갈등이 지역이기주의의 구체적 사례들이다. 이처럼 '내 뒷마당에서는 안된다(not in my backyard)'는 지역이기주의를 님비(NIMBY) 현상이라고 부르기도 한다.

5) 님비 [NIMBY]

요약 'Not In My BackYard(내 뒷마당에는 안 된다.)'의 줄임말로, 지역이기주의 현상의 일종으로 주민과 지방자치단체가 자신들이 살고 있는 지역에 핵폐기물처리장, 하수종말처리장, 쓰레기매립장, 화장장, 범죄자 수용소, 정신병원 등 혐오시설이 유치되는 것을 반대하는 지역이기주의의 한 양상이다. 즉, 이들 혐오시설의 필요성을 인정하면서도 나 아닌 남의 뒷마당에 설치되기만을 바라는 자기중심적인 공공주의 결핍증상으로, 이러한 현상은 지방자치제가 실시되면서 더욱 두드러지게 나타나고 있다.

또 자신의 거주 지역 안에는 환경오염 시설을 설치할 수 없다고 반대하는 바나나(BANANA ; Build Absolutely Nothing Anywhere Near Anybody) 현상, 수익성 있는 사업을 자신의 지역에 유치하겠다고 고집하는 핌피(PIMFY ; Please in my front yard) 현상, 자기 지역에 이익이 되는 시설을 유치하거나 그 관할권을 차지하려는 임피(IMFY ; in my front yard syndrome) 현상, 발전소·정신병원·교도소·쓰레기소각장 등의 공공시설을 위한 토지이용을 지역적으로 원치 않는 룰루(LULUs ; Localy Unwanted Land Uses) 현상 등도 지역이기주의를 반영하는 용어들이다.

6) 핌피 [PIMFY]

수익성이 있는 사업을 내 지방에 유치하겠다는 것으로 일종의 지역이기주의 현상.

PIMFY는 please In My Front Yard의 영어 약자이다.

지방자치의 전면실시로 각 지방자치단체들이 이왕이면 우리 지역에 투자해 달라며 대기업들의 투자를 다퉈 유치하려는 현상으로 핵시설이나 쓰레기 매립장 등 혐오시실만큼은 절대로 내고장에 둘 수 없다는 이른바 님비(NIMBY:Not IN MY Back Yard)현상과는 정반대 개념이지만 지역이기주의란 점에서는 같다.

PIMBY(Please In My Back Yard)와 동일하게 쓰인다.

7) 지역 공동체

지역 공동체란 일정한 지역을 기본 단위로 하여 사람들이 사회를 구성하고, 그 사회를 생활의 기반으로 하여 생존해가는 과정에서 그 지역을 단위로 하는 집단을 지역 공동체라고 한다. 우리 원시 농경 사회에서는 농업에 종사하면서 오랫동안 정착생활을 하면서 살아왔다. 봄철에 씨를 뿌려 여름철에 기르고 가을철에 추수하여 생활에 필요한 최소한의 수요를 충족시키면서 살아왔다. 그러기 위해서는 정착생활이 필요했고, 그 정착 생활의 과정에서 그 집단의 구성원들 상호간의 동질성과 공동체 의식이 싹트게 되면서 하나의 집단 구성원이라는 단결심이 생기게 되었다. 이것이 공동체 의식이라는 것이고, 이를 바탕으로 끈끈한 유대 관계를 유지하면서 살아오게 되었다. 우리 나라에서 보면 집성촌이라고 하여, 같은 성씨를 가진 사람들이 한 마을을 이루면서(동족촌) 살아온 것도 지역 공동체의 한 예라고 할 수가 있다.

그러나, 현대 사회는 정보화 시대, 세계화 추세, 지구촌 현상으로 말미암아 생활 공간이 광범위해지고 확대되게 되었다. 그래서 한 지역을 생활의 기본 단위로 삼기보다는 교통과 통신의 발달로 말미암아 생활의 범위가 전 세계로 확대되는 현상을 보이게 되고, 전통적 의미에서의 지역 공동체 의식은 약화되게 되었다.

또한, 정보 통신의 발달로 인하여 가상공간의 생활성이 강화되면서, 지역을 바탕으로 한 상호 작용보다는 가상 공간을 통한 상호 작용이 증가하게 되었다. 이로부터 현대 사회는 지역 사회보다는 가상공간이 더 중요시 여겨지게 되고, 이 가상 공간을 통하여, 공동체가 형성되고 이것의 중요성이 더욱 부각되게 되었다.

8) 문화 공동체

문화는 인간이 자연 환경을 극복하는 과정에서 생성된 모든 산물을 말한다. 문화는 다양한 것을 포함하지만, 또한 문화는 지역에 따라 다른 특수성들을 띠게 된다. 이것은 그 문화가 발생한 지역의 자연 환경이 서로 다르기 때문이다. 하지만 특정한 지역을 살아가는 사람들은 서로 비슷한 생활 양식과 특성 등을 공유하고 있는데, 이를 문화 공동체라고 한다.

인간은 공통된 행동 양식, 생활 양식으로서의 문화를 공유하고 살아가게 된다. 그래서 한 사회의 구성원들은 서로 비슷한 문화적 특성을 가지고 살아가게 되는데, 이를 통하여 동질 의식을 지니며 생활하게 되고, 이러한 동질 의식은 사회 집단 구성원들을 하나의 통일체로 묶어내는 역할을 담당하게 된다.

예를 들어 우리의 명절인 추석과 설날을 생각해보자. 우리나라에서는 추석과 명절을 계기로 가족들이 서로 만날 수 있는 공간을 마련해 줌으로써, 가족의 응집력과 구속력을 더 단단하게 만들어 다른 나라에서는 찾아볼 수 없는 독특한 가족 문화를 만들어 냈다. 이것은 우리만이 가지는 특수한 문화적 특성을 통하여 가족 제도를 유지시켜주고 사회를 존속, 발전시키는데 중요한 역할을 담당하게 되었다.

9) 정신 공동체

한 사회 집단은 공동체 의식을 통해 사회를 유지하고 발전시켜나간다. 여기의 공동체 의식은 한 사회를 구성하는 사람들이 공유하는 의지적 활동이며, 이 활동을 통해 형성된 공동 의식은 한 사회를 이끌어가는 원동력으로 작용하게 된다.

우리 나라에서 보면 경천 사상이라든가 홍익 인간 사상 등이 대표적이다. 수천 년의 역사 속에서 형성되고 발전되어 온 한국 사회에서 이러한 사상들은 우리 사회의 질서를 유지시켜 왔고, 이를 바탕으로 각종 규범과 사회 제도를 만들어 왔으며, 생활 터전의 바탕으로 기능하여 왔다.

한 사회 집단에 존재하는 이러한 공동체가 공유하고 있는 정신은 사회의 고유성을 인식하고, 이를 바탕으로 상호 작용을 하여 상호간에 친밀감과 소속감, 동질 의식을 느끼게 됨으로써 개개인의 특성을 묶어서 한 사회라는 동질성을 형성해 가는데 중요한 역할을 하게 된 것이다.

10) 가상 공동체

이메일, 채팅, 게시판, 댓글, 카페, 뉴스, 블로그, 게임, 인터넷 등 온라인을 통해 형성된 사람들의 집단을 말한다. 가상 공동체의 특징으로 개인의 관심이나 이해 관계에 따라 다양한 형태의 가상 공동체가 형성되어 있고, 오프라인 공동체와의 깊은 연관성이 있다. 하지만 오프라인 공동체는 실제적으로 사람들이 대면적 접촉을 통해서 활동하므로 간섭과 통제 등의 구속력이 있는 반면에 가상 공동체는 단순히 인간 사이의 연계나 상호 이해 관계에만 의존하는 피상적인 것이어서 구성원의 공동체 의식과 통제력이 약하다

11) 공동체 의식

공동체 의식이란 공동체를 향하여 구성원 간에 느끼는 귀속 의식 또는 유대감을 말한다. 즉 공동체의 유지·발전을 위해 구성원으로서의 개인이 가져야할 책임과 권리 의식, 개인의 이익보다는 공동체의 이익을 중시하는 태도와 가치관을 말한다. 공동체 의식은 구성원 간의 갈등과 무분별한 경쟁을 완화하고 공동체의 유지·발전을 위한 생산적인 협조와 공정한 경쟁을 할 수 있게 해준다. 공동체 정신의 기본은 서로가 서로를 간섭하자는 것이 아니라 서로가 서로를 아껴주며, 존중해주고 서로를 인정해주는 것을 기본으로 하며, 이것은 현상을 존중해주고 공동체와 조화점을 찾아가는 것이며, 개인도 자신의 생각만을 고집하는 것이 아닌 것을 말한다.

12) 세계시민법 [世界市民法, Weltbürgerrecht, ius cosmopoliticum]

국가법, 국제법과 나란히 공법을 구성하는 세계시민법은 칸트의 평화론과의 관계에서 중요한 의의를 지닌다. 전쟁이 전혀 없는 영원한 평화를 확실한 것으로 하기 위해서는 지구상의 모든 인간이 세계시민으로서 '세계공화국' 하에 통합되어야만 하지만, 칸트는 그것이 현실적으로는 어렵다고 생각하고 국가들에 의해서 구성되는 국제연맹의 설립을 제창한다.

그러나 국제연맹의 설립 및 그것을 통한 세계시민적 상태로의 접근을 가능하게 하기 위해서는 국가들 사이를 사람들이 자유롭게 오고가야만 한다. 이러한 "방문권"[Ⅷ 358]을 보증하는 것이 세계시민법이다. 이러한 권리는 타국에서 평화롭게 행동하는 한에서 적대적인 취급을 받지 않는 권리인바, 상대국민과 마찬가지로 호의를 지니고서 다루어지는 권리인 "손님의 권리"와는 다르다. 또한 그것은 타민족의 토지에 거주할 권리를 포함하지 않는다. 승낙 없이 타민족의 토지를 탈취하여 거기에 거주하는 것은 허용되지 않으며, 이 점에서 칸트는 당시 유럽 열강이 아시아와 아프리카에서 행하고 있던 행위를 엄혹하게 비판한다.

타국을 방문하는 것은 반드시 그 나라에 동화되는 것을 의미하지 않으며, 역으로 그 나라를 자기에게 동화시키는 것도 아니다. 타국을 방문하는 자는 국가와 국가 사이에 서 있는 것이며, 이러한 입장은 닫힌 구형을 이루는 지구상의 모든 토지에 대해서 모든 인간이 근원적으로 권리를 지닌다는 것, 거꾸로 말하면 누구도 어떤 토지에 관해 타인보다 더 많은 권리를 지니지 않는다는 것과 조응하고 있다. 이와 같은 견해는 칸트의 공법체계에 새로운 방향짓기를 부여한다.

요컨대 국가법과 국제법이 어디까지나 특정한 국가에 귀속되는 국민의 관점에서 국내적 · 국제적 법 관계를 규정하는 것이었던 데 반해, 세계시민법은 그것들을 근거로 하면서도 누구나 타국의 방문자일 수 있다는 관점에 섬으로써 특정국가의 국민이라는 관점을 상대화하는 것이다. 세계시민적 체제로의 접근은 이와 같은 관점의 전환을 빼놓고서는 생각될 수 없다. 이런 의미에서 국민들 상호간의 "교통(Verkehr)"[VI 352]을 보증하는 세계시민법이라는 개념의 의의는 오늘날에도 상실되고 있지 않다.[78]

---

78) 다나카 마코토(田中 誠), 朝永三十郎『カントの平和論』改造社, 1922.

13) 다문화주의 [multiculturalism, 多文化主義]

민족마다 다른 다양한 문화나 언어를 단일의 문화나 언어로 동화시키지 않고 공존시켜 서로 승인 · 존중하는 것을 목적으로 하는 사상 · 운동 · 정책을 말한다. 다문화주의는 강화된 보편주의로서 제창되었다고 볼 수 있다. 즉, 종래부터의 근대 보편주의를 서유럽 중심주의에 그친 것이라고 상대화한 위에 그것을 일부로서 포함한 다양한 여러 문화의 평등한 공존을 지향하는 점에 다문화주의의 특징이 있다. 종래의 보편주의가 사적인 다의성을 허용하면서 공적 영역에서는 단일의 공통문화가 있을 수 있다는 것을 전제로 한 것에 대해 다문화주의는 공적 영역 내에 문화의 다양성 · 복수성이 내포되어야 한다고 보고, 극단적인 경우에는 단일의 공통문화의 가능성을 부정하는 경우도 있다. 다문화주의는 미국, 캐나다, 오스트레일리아 등에서 1970년대 초부터 제창되기 시작하여 1980년대에 활발한 논쟁을 벌여 정책으로서 결실을 맺었다. 조금 늦게 유럽 국가에도 다문화주의적인 견해가 도입되었다. 또한 극단적으로 이념화된 다문화주의는 그 논리적인 귀결로서 특정 민족의 분단이나 독립을 요구하게 된다. 즉, 제문화의 공존과 통합을 지향하는 '강화된 보편주의'로서의 다문화주의가 오히려 제문화의 분리나 차별을 귀결한다는 역설로서 나타나는 경우도 있다.

14) 다문화가정 [多文化家庭]

국제결혼 또는 이중문화가정, 서로 다른 인종의 부부 사이에서 태어난 자녀를 중점으로 하여 혼혈인가족 등으로 불리던 국제결혼가족의 새로운 개념한 가족 내에서 다양한 문화가 공존하고 있다는 의미에서 국적에 따른 차별성을 내포하고 있던 국제결혼가족이라는 용어를 대신한다. 내국인과 외국인이 결혼한 가정을 일컫는 표현은 크게 '혼혈인 가족(서로 다른 인종 간 태어난 자녀)', '국제결혼가족(국경을 넘나드는 결혼의 형태)', '다문화가족(다양한 가족의 형태 중 하나)' 등 세 가지로 압축된다. 최근에는 한국인 남성과 결혼한 이주여성가족, 한국인 여성과 결혼한 이주남성가족, 이주민가족(이주노동자, 유학생)을 포함해 그 범위가 확대되고 있다.

최근 저임금 외국인 노동자의 고용정책으로 외국인의 한국 이주가 증가하고, 주변국 여성이 빈곤탈출을 위해 한국인 농촌남성과 결혼하는 사례가 빈번해지면서 미혼모의 혼혈 아동문제, 빈곤문제, 교육문제 등 여러 사회문제가 발생됨에 따라 이들을 우리 사회의 한 일원으로 포섭하고, 이들로부터 발생하는 문제를 해결하고자 차별적 의미가 담긴 국제결혼·이중 문화가정 등으로 불리던 국제결혼가족을 새로운 개념의 '다문화가정'으로 부르게 되었다.[79]

15) '포괄적 전략동맹'과 '글로벌 파트너십'

국가 간 전략적 동반자 관계 협력 동맹 연합 이런 조약은 전부 외교적 수사일 뿐이다. 외교적 수사는 엄청난 것 같지만 실속은 별로 없는게 외교 용어인데 다소 애매모호하고 막연한 대화와 언어구사가 외교용어이다.

전략적 동반자 관계란 양국이 필요시 부분적 협력을 한다는 것이고 전략적 협력동반자관계란 이말 또한 위의 내용에서 좀 더 격상

79) 시사상식사전, 박문각

된 다소 적극성을 갖는다는 의미이고 전략적 제휴라는 말은 가장 그럴듯하지만 실속은 가장 불투명한 관계 설정이다.

쉽게 말해 필요하면 협상하고 불리하면 협의하지 않는다는 국제 외교관례상 용어이다. 기업 간 이런 단어를 사용하는데 이것은 가격 담합이나 생산 카르텔을 구성하여 이익창출을 한다는 의미에 불과하다. 예를 들어 삼성이 일본 소니와 전략적 제휴를 한다는 이 말은 기술협력 이전 등이 아니고 단순한 시장 점유에 따른 가격경쟁을 피하고 가격을 담합하고 제3자 상품 진출을 차단하는 방식에 사용되는 것이다.

16) 유엔 세계 평화의 날[International Day of Peace]

유엔이 정한 전 세계의 전쟁과 폭력이 중단되는 날로, 매년 9월 21일로 지정돼 있으며 매년 9월 셋째 주 화요일로서 1981년 6월 경희대 설립자이자 세계대학총장회의(IAUP) 의장을 지낸 고(故) 조영식 박사가 IAUP 제6차 총회에서 제안한 뒤 유엔에 의해 기념일로 제정됐다. 유엔은 이 날을 '총성 없는 날'로 부르기도 한다.

1981년 6월 '세계 평화의 구현'이라는 의제를 가지고 코스타리카 수도 산호세에서 총회에서 개최된 IAUP 총회에서 당시 IAUP 의장이었던 조 박사는 유엔으로 하여금 '세계 평화의 날' 및 '세계 평화의 해'를 제정·공포하도록 제의하자는 건의를 하였다. 그 이후 1981년 11월 제 36차 유엔총회에서 이 안건이 통과되어 '세계 평화의 날'은 유엔 정기총회가 개회하는 9월 셋째 화요일로 결정되었다. 그러다 2001년 제55차 유엔총회에서 9월 21일로 고정되었다.

한국에서는 매년(1982년부터) '세계 평화의 날' 기념식 및 기념 학술회의, 기념행사 등을 경희대학교와 유엔한국협회·세계대학총장회 등이 개최하고 있다. 또 2009년부터는 UN 세계평화의 날 한국 조직위원회가 설립되어, 매해 평화 기념행사를 개최하고 있다.

17) 칸트의 평화[Kantian peace]

1795년 나폴레옹이 유럽을 전란에 휩싸이게 했던 당시 케니히스베르크에 거주했던 임마뉴엘 칸트(Immanuel Kant)는 『영구평화를 위해서』를 간행하였다. 전쟁이 다반사로 일어났던 당시의 상황에서 칸트가 생각했던 것은 200년 후인 오늘날에도 신선함을 준다. 17세기 중반부터 오늘날에 이르기까지 영향력이 강한 웨스트팔리아의 헌장은 주권영역국가를 축으로 국제관계를 생각한다. 거기에서는 전쟁은 평화를 달성하기 위한 도구, 수단으로 주저함도 죄악감도 없이 이루어졌던 것이다. 그러나 나폴레옹(Napoléon Bonaparte)에 의한 전쟁은 혁명운동을 해외로까지 확대하였기 때문에 대규모의 전쟁이 되었다. 그 비참함은 전대미문의 것으로 칸트를 전쟁에 종지부를 찍기 위한 사색으로 이끌었다.

평화달성을 위해서는 3개의 열쇠가 있다고 한다. 첫째, 국가간에 다양한 체결을 맺음으로써 안이하게 전쟁에 소구(訴求)할 수 없도록 하는 것이다. 둘째, 국가 간에 교역을 확대하여 전쟁에 소구하면 손해가 발생하도록 하는 것이다. 셋째, 국가의 정치체제를 공화제로 함으로써 투명성, 책임제를 강화하여 전쟁으로 가지 못하게 하는 것이다.

바꾸어 말하면 첫 번째의 것은 국제법, 국제기구, 국제회의를 축으로 신뢰양성을 도모하여 국가를 차례로 구속해 가는 것이다. 자기 마음대로 행동하는 것이 아니라 국제적인 합의를 가능한 존중하도록 하는 분위기를 만들어 가는 것이다. 직접적으로 평화에 기여하는

지의 여부는 별도로 공유하는 대강, 규범, 가치의 확대는 평화의 기초를 만드는데 중요하다. 20세기 후반의 국제법, 국제기구, 국제회의의 수가 지수적으로 증가하고 있다. 정부 간뿐만 아니라 비정부기구의 주도에 의한 국제합의도 이루어지고 있다. 대인지뢰 전폐조약의 합의(1997)는 비정부기구 주도의 발언에 주최국 캐나다가 편승함으로써 100개국 이상의 합의가 성립되었다. 실제 최근 수십 년 주권국가간의 전쟁은 현저하게 감소하였다. 전쟁이 있는 곳은 광의의 평화유지활동으로서의 군사개입과 그것을 유발하는 제3세계의 내부적 동란이다. 웨스트팔리아적인 전쟁이 쇠퇴하고 있다는 견해도 점차 강해지고 있다.

두 번째의 것은 경제적 상호의존을 강화함으로써 평화를 노린다. 19세기의 영국 속담에 의하면 '평화는 무역이 이루어진 다음부터 따라 온다'는 것이다. 상거래가 융성하면 전쟁에 의한 국익 증대의 매력이 사라진다. 경제적 상호의존에서 나아가 경제적 통합으로 전세계가 향하게 되면 전쟁은 시대착오적인 것이 되어 버릴 것이다. 그러한 생각은 현 시점에서 지역적인 규모로 시도되고 있으며 유럽연합은 그 가장 견고한 예이다. 전쟁이 일어나고 있는 지역은 유럽연합 역외의 보스니아-헤르체고비나와 체젠 등이다. 세계화의 진전은 주권국가간의 고전적인 전쟁을 감소시킬 것인가?

세 번째의 것은 공화제가 되면 정부가 국민에 대해 투명성을 확약해야 하고 책임제에 의해 자의적인 행동을 취할 수 없게 됨으로써 당연히 정부가 무책임하게 전쟁에 소구하는 일이 감소한다고 한다. 칸트는 공화제라는 말을 사용하고 있지만 현대적으로 말하면 민주주의체제라고 바꾸어 말할 수 있을 것이다. 민주주의체제 간에는 실제 거의 전쟁이 없었다는 것은 실증되어 있는 것이기도 하다. '민주주의에 의한 평화'는 냉전 후 미국 사회과학에서 발생한 적지 않은 지견이라고도 할 수 있지만 칸트는 200년 전에 지적하였으며 그것은 그의 위대함을 나타내는 것일 것이다. 현존 주권국가 190여개국 중 120여개 국을 민주주의 국가라고 생각해도 좋을 정도로 민주주의는 시대정신이 되었으며 주권국가간의 전쟁이 현저하게 사라지게 된 것은 '민주주의에 의한 평화' 현상이라고 할 수 있을 것이다.[80]

참조어 비정부기구(NGO), 웨스트팔리아(베스트팔렌)체제, 웨스트팔리아(베스트팔렌)조약, 유럽연합(UN), 칸트(Immanuel Kant), 공화제도, 군사개입, 전쟁, 체첸분쟁, 나폴레옹 전쟁, 평화, 국제연합평화유지활동(PKO), 보스니아-헤르체고비나, 민주주의와 전쟁, 영구평화론

18) 인간의 존엄성

인간의 존엄성은 인간이라는 이유만으로 사람은 그 존재 가치가 있으며, 그 인격은 존중받아야 한다는 이념을 말한다. 인간의 존엄성은 인간이 출생으로부터 권리를 갖고 태어난다는 천부인권사상의 표현으로, 인간이라는 이유만으로도 존엄한 가치를 보장받고 존중받아야 한다는 원칙을 말한다.

사람은 누구나 인간으로서의 존엄과 가치를 누릴 수 있다. 그러므로 정신병자라든가, 기형아, 장애인도 물론 인간으로서의 존엄과 가치를 누릴 수 있다고 보아야 한다. 또한 인간의 존엄성은 모든 인간에 존재하는 고유한 가치이므로, 외국인에 대해서도 보장되어야 한다.

---

80) 21세기 정치학대사전, 한국사전연구사

여기서 인간이란 사회 속에서 존재하는 인간상을 전제로 한다. 개인은 사회를 떠나서 생존할 수 없으므로, 극단적 개인주의나 전체주의 사회에서의 인간을 전제로 하지는 않는다. 그러므로 인간의 존엄성은 개인들로 구성되는 사회라는 관계 속에서 인간의 고유한 가치를 훼손당하지 않으면서 그 존엄한 가치를 보장받는다는 것을 의미한다.

우리 헌법 제10조는 "모든 국민은 인간으로서의 존엄과 가치를 가지며…"라고 규정되어 있다. 이는 우리헌법이 인간의 존엄성을 최고의 가치로 천명하고, 이를 모든 법과 국가 통치작용으로부터 고유한 인간의 가치로 보장하고자 노력하고 있다. 중세유럽사회에서의 전제군주정 하에서의 인간이 절대자에 예속됨으로써 자유와 권리가 보장되지 못하였고, 심지어는 생명까지도 위협받는 상황을 경험하면서 근대 시민 혁명의 근본이념으로 인간의 가치는 절대시되어야 한다는 이념으로 발전되게 된 것이다.

세계 제1차 대전 이후에 발생한 독일의 나치즘이나 이탈리아 파시즘 일본의 군국주의 등 전체주의는 인간의 존엄성을 무시하고 강제노동, 전쟁을 통한 대량학살 등의 비인륜적인 행위를 자행하였다. 이러한 과정 속에서 각 나라의 헌법들은 앞 다투어 인간의 존엄과 가치의 규정을 규정하였고, 국제연합헌장이나 세계인권선언 등에서도 이를 규정하게 되었다. 우리 헌법에 규정된 인간의 존엄과 가치는 모든 기본권 등의 핵심적 사항을 담고 있다. 이것은 기본권 보장의 목적에 해당된다. 즉, 기본권의 본질적 내용을 이루고 있다는 말이다.

그러므로 헌법에 규정되지 않았다 하더라도 인간의 존엄과 가치를 보장하기 위한 기본권 등은 이를 통하여 보장되어야 하고, 또 기본권을 제한한다고 하더라도, 인간의 존엄성을 저해하는 방향으로는 이를 할 수 없다. 예를 들면 우리 헌법재판소도 '국민의 자유와 권리보장은 기본권을 통하여 이루어지지만, 기본권 제한에 있어서 인간의 존엄과 가치를 침해한다거나 기본권의 최소한의 필요한 보장조차 하지 않는다면, 이것은 인간의 존엄과 가치를 침해하는 것이다.'라고 판단하고 있다. 또한 인간의 존엄과 가치는 기본권의 본질적 내용을 이루기 때문에, 국가의 공권력 작용에 의해서 침해될 수 없고, 국민의 대표로 구성된 국회에 의한 법제정에 의해서도 이를 제한할 수 없는 핵심적 내용을 담고 있다.

19) 민본주의

민본주의는 백성을 국가 통치의 근본으로 삼는 것을 말한다. 고대 춘추전국시대 이후로 유가사상에서는 민본주의를 국가통치의 근본으로 삼았다. 국가 군주는 백성을 위한 통치를 하여야 하고, 백성을 해치거나 백성을 괴롭혀서는 안 된다고 하였다. 특히나 맹자는 역성혁명사상을 주장하여, 군주가 군주답지 못하여 백성을 살피지 못하면 이는 군주의 도리를 다하지 못하는 것이고, 이러한 군주는 교체되어야 한다는 주장을 펼치게 된다.

우리나라에서도 민본주의 이념이 발달하였다. 고대 시대부터 백성들의 삶을 편히 하는 것이 국가 정책의 최우선 과제로 삼았고, 백성이 재해를 입거나, 흉년이 들어 고통스러울 때는 각종 재해 구제책을 실시하기도 하였다. 이렇게 고래로부터 내려오는 민본주의 이념은 현대사회에서도 퇴색되지 않고 존재하며, 과거의 우리나라의 민본주의 이념이 발전되어 현대사회에 이르러 인간의 존엄성과 가치의 이념으로 발전한 것이라 할 수 있다.

20) 글로벌 지성(GI) 증진방안

1. 자신이 세상에 바라는 변화의 주체가 되라
2. 양쪽 뇌를 모두 사용하라
3. 하나는 둘보다 먼저라는 점을 기억하라
4. 집에 문이 있는지 확인하라
5. 소수 민족처럼 생각하라
6. 지식을 늘려라, 알지 않는 방법도 포함하여
7. 자신의 세계관을 실제 사실에 적용하여 시험해보라
8. 적을 알아라, 속속들이
9. 고정관념을 관계로 바꿔라
10. 생각을 넓히는 질문을 하라
11. 지구가 말할 때는 들어라
12. 잘되는 것에 끈기 있게 집중하라
13. 경계를 넘어서 하라
14. 이익과 가치 모두를 생각하라
15. 집에서 멀리, 그리고 가까이 여행하라
16. 공통기반을 찾아라
17. 두 개 이상의 언어를 구사하라
18. 벽을 통해서 보는 법을 배우라
19. 성스러운 것의 신비를 탐구하라
20. 세계시민들이여, 뭉쳐라!

1. 자신이 세상에 바라는 변화의 주체가 되어라

'그들'이 변화 할 때까지 기다리지 말고 '우리 자신을 먼저 변화시키도록 해야 한다. 이 세상에 변화를 가져오는 데 가장 큰 장애물은 바로 나 자신이었다는 점을 인정해야 한다. 간디가 우리에게 세상에 원하는 변화의 주체가 되라고 했을 때 이는 사회 정치적 변화 대신 개인적 변화를 갖도록 권하는 것이 아니라, 내면의 변화를 통해 외부적 변화를 성취하라는 뜻이었다. 그의 발자취를 따라 세계 시민이 되려는 사람에게 이 해석의 차이는 매우 중요하다.

우리가 현재 어떤 사람이고 어디에 있든지 그곳에서 시작하는 것이라는 것이 분명해진다. 여기서 우리가 만날 세계 시민들 중에는 유엔 외교관처럼 힘과 영향력이 막강한 사람들도 있었고 영향력이나 재력이 거의 없는 사람들도 있다. 이스라엘과 파키스탄의 평화중재자부터 아프리카의 치료사, 궤도에서 돌아온 우주비행사, 주하이의 대학생에 이르기까지 우리가 어떤 세계시민들을 만나든지 우리 모두에게 출발점은 똑같다. 우리가 인정 많고 따뜻한 세상을 원한다면, 우리 자신이 주변 사람들에게 인정많고 따뜻한 사람이 되어야 한다. 올바른 세상을 원한다면 우리 자신이 바르게 살자. 지속가능한 세상을 원한다면 우리 자신이 지속 가능한 삶을 만들자. 평화로운 세상을 원한다면 우리 자신이 평화가 되자. '행동하는 세계'란 구호를 내건 이 고성능의 진보적 네트워크는 세계의 핵심 이슈들에 대해 행동을 조직한다. 시대의 중요한 도덕적 이슈들에 적극적이고 자랑스럽게 동조한다.

Edmund J. Bourne, Global Shift : How a New Worldview Is Transforming Humanity(Oakland, CA: Notics Books / New Harbinger Publications, 2008)

2. 양쪽 뇌를 모두 사용함으로써 '마음의 문을 열자'

우리의 뇌는 두 개의 반구로 나뉘어 있다. 즉 왼쪽 뇌는 사고하고 오른쪽 뇌는 느낀다.[81] 글로벌 지성을 키우기 위해서는 이두 부분을 모두 사용해야 한다. 받아들이기 힘든 증거 앞에서 왼쪽 뇌가 닫히면 우리는 오른쪽 뇌를 통해 우리가 수축하고 긴장하는 것을 느낄 수 있다. 오른쪽 뇌는 우리가 '마음의 문을 닫고' 있다는 사실을 일깨워주고 우리가 좀 더 존중하는 마음을 보이도록 다시 자극할 수 있다. 심지어 말도 안되는 관점조차도 이에 반드시 동의하지는 않더라도 마음을 열고 진지하게 귀 기울여 듣는 태도를 가질 수 있는 것이다.

하트매스 연구소는 심장 기반의 생활을 전문으로 하는 비영리 연구교육기관이다. 심장기반의 생활은 가정, 학교, 직장, 놀이 등 평소 생활 할때 정신과 함께 심장기능에 조섬을 맞춘다. 이 웹사이트는 심장기반 생활의 정신적, 신체적, 감정적 이점을 경험하게 해주는 교육자료와 온라인 응용프로그램이 있다.

3. '하나'는 '둘'보다 먼저라는 것을 기억하라

GI를 높인다는 것은 여러분의 뿌리에 등을 돌리는 것이 아니라 그것을 향해 가는 것이다. GI를 높인 다는 것은 우리가 공유하지 않는 것만 보지 않고 공유하는 것을 계속 보는 것을 의미한다. 우리는 다른 신앙들을 가지고 있다. 그러나 글로벌 지성을 발전시키다보면 우리의 신앙에도 공통 기반이 있다는 것을 깨닫게 된다. 서양의 기

81) 물론 뇌의 생리는 훨씬 복잡하다. 논리 및 계산과 연관된 왼쪽 뇌는 보다 이성적인 기능을 수행하고, 예술적 활동 및 상상과 연관된 오른쪽 뇌는 감정적 반응과 보다 깊은 관련이 있다. 재인용: 마크 게이어존, 김영규 옮김, 『당신은 세계 시민인가 Global citizens』, p. 300.

독교와 중동의 이슬람교 사이에 존재하는 긴장관계에도 불구하고, 사실 유대교를 포함하여 이들 신앙은 하나의 가족, 즉 아브라함의 가족에서 시작되었다.

각기 다른 모습의 표면 아래로 과감히 들어가보면 어디서든 탐구되지 않았거나 개발되지 않은 일체성을 찾게 된다. 많은 종류로 나뉘기전에 우리는 하나였다. 이 간단하지만 놓치기 쉬운 진실을 기억하는데 유용한 한 가지 간단한 방법이 있다. 하나, 둘, 셋을 셀 때마다 기억하라. 항상 '하나'가 제일 앞에 있다는 사실을. 2006년부터 '세계는 하나 프로젝트'는 전 세계에서 상호 연결성에 대한 자각을 기반으로 자신의 생활과 일을 꾸려가는 사람들의 이야기를 수집해왔다. 방대한 양의 영화와 교육 자료가 무료로 제공된다.

4. 이웃을 알자

공동체 속에 사는 우리는 우리 이웃에 대해서도 충분히 알아야 그들의 생활 방식을 존중할 수 있다.(그리고 그들도 우리에 대해 충분히 알아야 우리의 생활 방식을 존중할 수 있다.) 결국 우리 세계시민은 각자의 종교에 소속된 구성원일 뿐만아니라 모든 신앙인을 포함하는 천지창조설의 수호자이기도 하다. 천지창조설과 두 다리의 피조물을 포함한 모든 생물에 대해 더 많이 알수록 그 이론과 우리 자신을보다 잘 돌볼 수 있는 것이다.82)

옥스팜 교육프로그램인 이 이니셔티브는 교실과 학교 전체에서 세계적 차원의 시각을 발전시키기 위한 방대한 종류의 아이디어와

82) 물론 뇌의 생리는 훨씬 복잡하다. 논리 및 계산과 연관된 왼쪽 뇌는 보다 이성적인 기능을 수행하고, 예술적 활동 및 상상과 연관된 오른쪽 뇌는 감정적 반응과 보다 깊은 관련이 있다. 재인용: 마크 게이어존, 김영규 옮김, 『당신은 세계 시민인가 Global citizens』, p. 300.

자료 및 지원을 제공하고 있다. 이곳의 모든 자료는 학생들이 자신이 사는 세계를 이해하고 거기에 긍정적인 영향을 미치도록 돕는 교육인 '세계시민의식 교육'을 지원하기 위해 마련된 것이다.

5. 소수민족처럼 생각하라

미국 콜로라도에서 '백인남자'는 멕시코시티나 베이징으로 가면 백인이라는 소수민족의 일부가 된다. 세계시민이 되기 위해서는 이 기본적인 진실을 자꾸 상기할 필요가 있다. 우리 모두는 각자 소수민족의 일원이라는 사실을 말이다. 피부색이나 얼굴 생김새가 어떻든, 이웃 사람들이 우리와 닮았든 아니든 우리는 자신을 소수 민족의 일원처럼 생각하는 것이 중요하다. 왜냐하면 그것은 사실이니까. 이런 인식을 가지고 있으면 우리는 인류라는 퀼트의 한 조각에 지나지 않고, 숲에 있는 수많은 종류의 잎사귀 중 하나일 뿐이라는 사실을 더욱 유념하게 된다. 인종 문제에 관한 한 우리는 통례가 아니라 예외다. 글로벌 보이스는 세계 주요 매체에서는 쉽게 들을 수 없는 의견들에 중점을 두면서 전 세계 소식에 대한 보고 및 번역 서비스를 제공하는 블로거들의 모임이다.

6. "세계시민이라면 누구나 알아야 할 것이 무엇일까요?"

지식을 늘려야 한다. 계속 배우되 알지 않은 방법도 포함하여, "알지 않은 것은 모른다는 뜻이 아니다." '초심'의 개념을 만든 참선 지도자 스즈키 로쉬가 말했다. 이는 우리가 알고 있는 것에 애착을 갖지 않고 우리의 지식을 가볍게 유지할 수 있는 것을 의미 한다. 그리고 알려진 것의 한계를 벗어나 생각할 수 있는 것을 의미한다. 따라서 경계를 초월하여 배우는 것의 중요한 요소는 우리가 모르는 것을 깨닫는 것이다. 알지 않는 것은 세계시민이 되는데 핵심이다. 그 누구도 모두 다 알 수는 없기 때문이다. 콜롬비아 대학 지구연구소장 제프리 삭스는 '개발 경제학, 기후 변화, 공중 보건 및 기타 분야를 공부'하여 '이 시대가 안고 있는 과제들에 대해 배움으로써' 세계시민이 되라고 권고한다. 끝없이 늘어나는 정보의 세계 속에서 우리가 안정감과 자신감, 겸손함을 유지할 수 있게 해주기 때문이다. 핵심 세계 이슈에 대한 사내 팀이나 다양한 기고가 단체에서 작성한 특집 기사를 싣고 있다.

7. "자신의 세계관을 실제 사실에 적용하여 시험해보라

GI를 높인다는 것은 실제 경험을 통하여 자신이 갖고 있는 세계에 대한 '정신적 지도'에 의문을 품고 심장이 뛰는 한 자신의 세계관을 계속해서 갱신하고 수정하는 것을 의미한다.'우리 모두에게 영향을 미치는 정치, 사회, 경제 및 환경 이슈에 초점을 맞추고 있다. 상당한 조직적 지원을 받고 있는 유엔 기반의 웹사이트와 반대로 이 사이트는 아눕 샤라는 개인이 세계 이슈들을 더욱 알리기 위해 만들어 낸 대단한 노력의 결과이다.

8. 적을 알아라, 속속들이

적을 안다는 것은 세상을 구하기 위한 이상적인 개념이 아니라, 우리 자신과 우리가 사랑하는 사람들을 안전하게 지키기 위해 GI를 사용하는 실용적이고 실제적인 방법이다. 우리의 적이 누구인가 생각해보자. 우리는 그들의 세계를 목격할 수 있는가? 그들이 가지고 있는 고통의 역사에 대해 무엇을 배울 수 있는가? 그들의 상실과 슬픔에 진심으로 소통할 수 있는가? 그리고 마침내, 아무리 작은 일이라도 공동의 이익을 기반으로 이들과 협력할 방법을 찾을 수 있는가?

우리 후대들에게 보다 안전한 세상을 물려주고 싶다면 실제의 적이든 잠재적 적이든 이들과 마음으로 공감하는 노력이 반드시 필요하다. 우리가 단 몇 걸음만이라도 그들의 입장에서 걸어본다면 소위 그 적들을 유익하고 정직하며 밝은 미래를 약속하는 관계로 끌어들이는 많은 방법을 찾게 될 것이다. 세계가 분쟁을 다루는 방식을 적대적 방식에서 협력적으로 문제를 해결하는 방식으로 바꾸기 위해 노력하고 있는 이 웹사이트는 우리의 차이를 이해하고 공통성을 기반으로 행동하는 능력을 개발하는데 초점을 맞추고 있다.

9. 고정관념을 관계로 바꿔라

체코 시민운동 지도자로 체코 공화국 대통령이 되었던 바츨라프 하벨은 GI를 높이는 방법을 가장 집약적으로 설명하였다. 각 세계 시민은 '사회학적 통계만이 아니라 실제 사람들을 기반으로' 관점을 세우고, '채택된 이념만이 아니라 자기 자신의 영혼도' 따를 수 있도록 해야 한다고 말이다. "추상적인 개념은 피하려고 해야 한다."고 얘기한 이스라엘과 팔레스타인 사람들 간에 다리를 놓는 대표적 인물인 슐로모 하쏜의 말과 맥락을 같이 한다.

통계자료나 정치적 분석을 통해서만 배우려 해선 안 된다는 것이다. 피상적이거나 수단으로서의 경제적 또는 정치적 개입을 통해 저쪽 편을 고치려고 하면 안 되고 그들이 하는 말과 그들의 삶에 대한 얘기를 들어야 한다. 그러면 자기 혈육처럼 관심을 갖게 되고 그들이 정당하게 대우받기를 원하게 될 것이다. 로터리는 200여 개국의 33,000개 클럽을 기반으로 120만 명의 재계 인사와 전문가 및 지역공동체 지도자들을 회원으로 보유하고 있는 세계적 봉사조직이다. 월드 러닝은 세계 70여 개국에서 국제 교육 및 개발 프로그램을 운영하는 75년 역사의 세계적 비영리 기구로서, 매년 문화적 차이와 사회적 장벽을 넘어 젊은 대사들을 연결함으로써 세계시민의식을 고취시키고 있다.

10. 생각을 넓히는 질문을 하라

우리의 생각을 넓히고 마음의 문을 열어 GI를 높이도록 자극할 수 있는 질문을 생각해보라. 예를 들어 '환경을 보호하면서 빈곤을 줄이려면 어떻게 해야 할까?' 지구촌의 우리 이웃들이 어떻게 하면 생활수준을 높이고, 이들이 의존하는 자연환경을 해치지 않으면서 생활수준을 높이려면 어떻게 해야 할지 스스로 고민해보라. 어떻게 하면 가난한 가족이 지속가능한 방식으로 생활수준을 향상할 수 있을까? 그리고 이들을 돕기 위하 보다 부유한 사람들의 도덕적 책임은 무엇일까?

혹은 '점점 심해지는 물 부족 현상에 대해 어떻게 대비할 것인가?' 이다. 오늘날 안심하고 마실 물이 없는 사람들이 10억 명에 이른다. 인구 증가와 기후 변화로 인해 이 숫자는 더 치솟을 것이다.[83] 예를 들어 아시아에서는 20억 명이 넘는 인구가 히말라야 분수령에서 신선한 물을 공급받는다. 예측된 것처럼 만약 빙하가 2030년까지 80% 줄어든다면 이들 20억 명의 사람들은 특히 위태로운 상황에 빠질 것이다. 물과 관련된 분쟁이 앞으로 수 십 년 간 아주 중대한 문제가 될 것이 확실한 가운데 이 다가오는 위기를 어떻게 대처해야 할 것인가?

---

83) 자세한 내용은 www.driking-water.org에서 확인할 수 있다.

또 한 가지'핵무기 확산을 어떻게 제어할 것인가?'이다. 1945년 제2차 세계대전 막바지에 최초의 원자 폭탄이 투하된 이후부터 핵무기를 어떻게 제어할 것인가는 늘 인류의 협상 테이블 전면에 존재해왔다. 러시아와 미국은 전 세계 핵무기의 90% 이상을 보유하고 있다.[84] 세계 나머지 국가 대부분은 이 두 나라가 핵무기 비축량을 줄이기를 원하고 있다. 세계 최빈국이면서도 핵무기 개발에 열을 올리고 있는 북한처럼 모든 나라가 이 악마 같은 무기의 잠재 생산국이 되어 핵무기가 테러리스트 손에라도 들어간다면 지구는 최악의 상황에 직면하게 된다. 그 선에 해결의 돌파구를 마련해야 한다. 어떻게 해야 하겠는가? 이같이 생각을 열어 주는 질문을 해보아야 한다. 배우고 싶다는 자극을 줄 만큼의 질문이 필요하다. 국제교육자협회, 유럽국제교육자협회, 아시아소사이어티 등은 배움이라는 경험을 통해 국내 문제뿐만 아니라 세계적 관점도 익힐 수 있도록 변화를 만들기 위해 열심히 노력하는 대표적 조직이다.'경계를 초월한'더 넓은 의미의 배움을 위해 일하는 조직이다.

11. 지구가 말할 때는 들어라

수세기 동안 얼어 있었던 북극과 남극의 얼음이 녹을 때, 돌고래 떼가 해변에 밀려 올라와 떼죽음할 때, 높은 오염 경보가 발령된 도시에서 호흡기 질환 발생률이 급격히 상승할 때, 치명적인 허리케인과 폭염 및 기타 기상 이변의 빈도가 치솟을 때 지구는 우리에게 무엇인가를 말하고 있는 것이다. 그런데 우리는 듣고 있는가?

현재 기후 변화에 관한 협상에서 전례 없이 많은 수의 사람들이

84) 마크 게이어존, 김영규 옮김, 『당신은 세계 시민인가 Global citizens』(서울: ㈜에이지 이십일. 2010), p. 226.

지구의 운명에 대해 이야기 하고 있는데 지구 자체의 이야기에 귀를 기울이고 있는가? 지구의 소리를 듣는다는 것은 거기에 거주하는 모든 생물, 특히 목소리를 내지 못하는 생물들의 얘기에도 귀 기울여야 한다는 것이다. 지구의 소리에 귀기울이는 것은 세계시민으로서 우리가 할 수 있는 가장 중요한 노력 중의 하나가 된다. 궁극적으로 지구는 아무도 알려주지 못한 것을 우리에게 가르쳐줄 수 있는 것이다.

지구 헌장 구상은 '지구 헌장의 가치와 원리를 전파하고 이행하는데' 참여하는 다양한 개인과 조직 및 기관의 글로벌 네트워크다. 지구헌장은 생명공동체, 생태적 본존, 보편적 인권, 다양성 존중, 경제적 정의, 민주주의, 평화와 문화 등을 포함하는 공유된 윤리 구조와 지속 가능한 생활방식에 초점을 맞추고 있다.

12. 잘 되는 것에 끈기 있게 집중하라

잘되는 것에 성실한 인내심을 가지고 집중하는 것은 글로벌 지성의 가장 일반적인 독소 중 하나인 절망의 해독제가 될 수 있다. 이렇게 GI를 높이는 것이 얼핏 흥미가 떨어지는 것처럼 보일지 몰라도 절대적으로 중요한 것이다. '세상을 구하자'라고 하는 행동주의자들에게 특히 자포자기적 체념은 있을 수 없는 것이다. 한 마을을 절망에서 희망으로, 의존에서 자립으로 바꾸는데는 수년이 걸린다. 잘되는 것에는 '인내'가 필요하다. 잘되는 것에 주의를 기울이면 잘되지 않는 것을 알 때 만큼, 또는 그 보다 더 GI를 높일 수 있다. 긍정적 탐색(Appreciative Inquiry)은 사람과 조직 그리고 그 주변의 연관된 세계에서 가장 효과적인 것을 인식하고, 예상하며, 강화하는 체계적 방법이다. 이 웹사이트에는 이 방법을 연습하려는 사람들을 위한 많은 정보와 자료가 나와 있다.

13. 경계를 넘어서하라

노벨평화상을 받은 국경없는 의사회나, 국경 없는 엔지니어회, 국경 없는 밴드 모임, 국경 없는 자선가회 등 세계시민들은 자신들의 책무가 자국 국경에서 멈추지 않는다는 사실을 알고 있다. 어떤 직업이 경계를 넘어가기 시작하면 변화가 일어난다. 앞의 국경없는 조직은 경계를 넘어서 일하기 때문에 의학이나 공학 분야가 한 문화가 내리는 정의에 국한되지 않는다. 대신 이들은 보다 세계적으로 생각하고 행동하면서 전체를 위해 일한다. 짧고 소중한 우리 인생에서 우리가 하고자 하는 것이 무엇이든 언제나 '경계를 넘는' 법을 배워야 한다는 것이다.

e-의회가 존재하는 목적은 전 세계 민주주의 의회 정치에 정통한 사람들이 좋은 정책 아이디어를 나누고 이러한 아이디어를 이행하기 위한 광범위한 연합을 구성하도록 돕기 위한 것이다. e-의회는 97개국 만 팔 천 명의 의회 회원들로 이루어진 데이터베이스를 보유하고 있다. 이익을 창출하는 것만으로 경영자의 GI가 상승하지는 않는다. 기업의 이익 외에 사람과 지구를 포함하여 경제적으로만 생각하지 않고, 사회적, 환경적으로 생각함으로써 기업계의 세계시민으로서 GI가 높아지며 수익 또한 늘어 날 수 있다. 돈이 강력한 동기 부여가 되는 것처럼 돈에 의미가 더해졌을 때만큼 강력한 것은 어디에도 없는 것이다.

노스웨스턴대학 켈로그 경영대학원에 있는 포드 자동차의 글로벌 시민의식 센터는 켈로그 경영대학원과 노스웨스턴 대학의 다양한 교수진과 연구자들을 통해 기업의 역할과 기업이 사회 정치 환경과

갖는 상호작용을 연구하고 있다. 기업은 세계의 사회 정치변화에 있어 주요 요인이 되었다는 철학을 기반으로 이 센터는 기업 지도자들이 가치기반의 경영과 세 가지 핵심 사항을 포함한 여러도구를 사용하여 세계의 이슈를 다루도록 돕고 있다.

15. 집에서 멀리, 그리고 가까이 여행하라

세계시민들은 여행을 거리로만 따지지 않는다. 여행 역시 반드시 세계의 풍경속으로 돌진하는 것을 의미하진 않는다. 자기가 살고 있는 지역을 파고드는 것도 여행이다. 우리의 동네가 어디든 그곳을 자세히 보면 그 주변에 전 세계가 존재할 때가 많다. 해외여행 뿐만 아니라 우리는 동네에서도 세계를 여행할 수 있다. 세계시민이 집을 떠나지 않고 여행할 수 있는 한 가지 방법은 지역 기관이 '글로벌한' 현실을 존중하기 시작하도록 하는 것이다. 지역의 다양성이 권력을 가진 의원회관에도 전파되도록 노력해보라. 지금 사는 동네를 진지하게 목격하면 그 안에서 세계를 발견할 수 있을 것이다. 글로벌 다양성 재단은 연구, 교육 및 사회활동을 통해 전 세계 지역 문화와 환경의 훌륭한 우수성을 전파하고 있다. 지역공동체 기반의 장기 프로젝트를 중심으로 이 재단은 세계화에서 다양성이 수행하는 중요한 역할을 지원한다.

16. 공통 기반을 찾아라

사람들 간에 존재하는 차이가 무엇이든 우리를 나누는 것에 집중하거나 또는 우리를 통하게 하는 것에 집중할 수 있다. 그것은 공통기반을 찾으면서 가능성이 생겨난다. 보편적인 것을 찾으면 우리가 명백하고 때로는 상황을 악화시키는 차이점들의 이면에 숨겨진 공통점을 발견하도록 하기 때문에 우리의 글로벌 지성이 높아진다. 세계시민으로서 우리는 차이점을 최소화 할 필요는 없지만 모든 사람들이 공유하는 것을 배울 필요는 있다. 우리는 공통 기반을 찾아야 하고 여기에서 또 다른 연습이 필요한 것이다. 2007년 138명의 이슬람 학자와 성직자 및 지식인들이 모여 기독교와 이슬람교 간의 공통 기반에 대한 선언문을 작성하였다. 이 선언문의 제목이 바로 '우리와 여러분 사이의 공통 단어' 였다. 이들의 웹사이트에는 이 선언문은 물론 '공통단어' 행사와 다른 사람들의 격려와 반응, 그리고 다른 신앙 간의 대화를 시지하는 세계 가지의 많은 의견이 나와 있다.

17. 두 개 이상의 언어를 구사하라

선더버드 국제경영 전문대학원장인 앙헬 카브레라 박사는 "사람들이 여러 문화가 뒤섞인 속에서 소통하도록 훈련시킬 수 있어요. 하지만 이들이 외국어를 배우느라 고생한 적이 없으면 다른 문화와의 관계가 무엇인지 이해시키기가 훨씬 어렵지요."라 고 하였다. 한 개 문화를 기반으로 하는 언어를 여러 개 배우는 것 이외에도 우리는 다른 신념을 기반으로 하는 언어로 소통하는 법을 배워야 한다. 한두가지 외국어를 유창하게 구사하고자 하는 자가은 GI를 높이는 중요하고 기초적인 단계라고 할 수 있을 것이다. 새로운 언어를 익힘으로써 언어적 지능을 확장해보라. 로제타 스톤은 전 세계 사람들이 사용하는 대표적 언어 학습 소프트웨어로, 사람이 번역 과정없이 모국어를 익히는 방식을 따라 하는 데 초점을 맞추고 있다.

18. 벽을 통과해서 보는 법을 배워라

우리가 어디에 살든지 우리의 시야를 가로막는 벽들이 있다. 차별의 벽이 아니라면 특권의 벽, 무지의 벽이 아니라면 선정적이거나 불완전한 정보의 벽이 있다. 앙숙 관계에 있는 형제가 과수원 가운데에 담을 쌓고 둘로 나눌 수 있다. 그래도 과일은 여전히 똑같고, 뿌리도 똑같은 땅 속에 있다. 똑같은 벌들이 날아와 꽃들을 수분시킬 것이고, 똑같은 태양이 잎사귀들에 햇볕을 내리쬘 것이다. 이들이 담을 얼마나 높이 쌓든, 심지어 거기에 가시 철망을 두르거나 무장한 보초를 세우거나 깊은 참호를 판다고 해도 이 담이 과수원의 끝이 되지는 않는다. 담의 다른 쪽에서 과수원은 계속된다. 우리는 벽이 우리의 시야를 막을 수는 있어도 우리는 벽의 뒤의 것들을 볼 수 있다. 벽은 물리적 벽들이나 지역적 정치적인 벽들일 수도 있고 부와 가난, 특권과 차별의 경제적인 벽, 이념이나 신념체계 등의 정신적인 벽들일 수도 있지만 우리는 그 벽을 통과해서 보는 능력을 가지고 있다. 그 능력을 배가시켜야 한다. 글로벌 시민네트워크는 다른 문화 간의 이해와 세계적 협력을 통해 평화와 정의 및 관용을 증진하는 일을 하고 있다. 또한 토착 문화와 전통 및 자연환경을 보존하면서 전 세계 삶의 질을 높이기 위해 노력하고 있다.

19. 성스러운 것의 신비를 탐구하라

동료 인간들이 무엇을 성스럽게 생각하고 또 그 이유가 무엇인지 깨우치는 것은 GI를 높이는 중요한 과정 중 하나가 될 수 있다. 인간의 지성만으로는 모든 창조의 수수께끼를 절대로 풀지 못하기 때문에 여러 인류 문화의 신성한 관습은 우리 인간이 생존하고 번영하기 위해 필요한 지혜의 중요한 원천이 된다. 우리는 삶을 통해 신성한 것에는 경계가 없음을 배울 수 있다. 신성한 것은 어디에나 있다. 모든 신앙에 있는 금과옥조를 배운다면 우리의 글로벌 지성은 우리의 영혼과 더 깊게 통하게 될 것이다.

'아브라함의 길'은 여행자들이 중동지역 각 나라에서 아브라함이 직접 걸었던 발자취를 따라 여행하도록 이끄는 문화적 여행 안내서다. 다른 신앙을 믿는 사람들과 함께 이 길을 따라 걷는 것은 아브라함 계통 종교 간의 치유를 경험하고 전파하는 좋은 기회가 된다.

20. 세계시민들이여 뭉쳐라!

GI를 효과적으로 높이기 위해서는 다른 사람들과 지구적으로 협력해야 한다. 이를 배우기에 가장 좋은 방법은 파트너를 찾아 함께 일하는 것이다. 세계의 다른 사람들과 협력하는 법을 배우는 것은 우리의 글로벌 지성을 확인하는 최종 시험과 같다. 우리가 어디에 살든지 세계 이웃들을 찾아보자. 우리가 경계를 뛰어넘어 불가능했던 어떤 것들을 할 수 있는지 탐구해보자. 서로에게 손을 내밀어 그 가능성을 살아 숨쉬는 현실로 바꾸어 가보자. 다른 사람들과의 지구적 협력을 통하여. 평생 공직에 몸담았던 클린턴 대통령의 삶을 바탕으로 하는 클린턴 글로벌 이니셔티브는 세계의 가장 힘든 문제들을 효과적으로 대처하기 위해 정부는 민간 부문과 비정부기구, 그리고 다른 세계적 지도자들의 협력이 필요하다는 그의 믿음을 반영하고 있다.

2022. 8. 20

저자 약력

권순철

- 국제정치학박사, 한국화가, 수필가
- 육사37기
- 경남대학교 경영대학원 경영학석사
- 연세대학교 공학대학원 건축공학석사
- 경기대학교 정치전문대학원 국제정치학박사
- (사)한국문화안보연구원 사무총장
- 국민대학교 정치대학원 겸임교수
- 선문대학교 교양학부 외래교수

대표 저서

- [민족주의란]-낭만적민족주의 비판(2018, 도서출판 선인)

김경수

- 중앙대학교 교육학과(학사)
- 중앙대학교 대학원 교육학과(석사 · 박사:교육사회학)
- 현, 선문대학교 교양학부 교수
- 전, 선문대학교 교양교육원장, 선문대학교 교양대학장

대표 저서

- 생각과 체험이 살아있는 인성교육(2015, 강현출판사)
- 아동교육 현장연구보고서 작성과 자료분석 방법론 (공저, 2015, 강현출판사)
- 교육사회학(공저, 2011, 양서원)
- 평생교육론(공저, 2011, 양서원)

공동체와 세계시민

2022년 8월 29일 초판 인쇄
2022년 8월 31일 초판 발행

저　자　권순철 · 김경수
발행자　오동석

발행처　강현출판사
주　소　서울 중랑구 숙선옹주로3길 40 제1호
전　화　010.5712.9630
등　록　2007년 5월 21일(제307-2007-29호)
E-mail　oods1205@hanmail.net

♧ 잘못된 책은 교환해 드립니다.　　정가 15,000원

ISBN 978-89-94320-94-6 93370